AF415616

EL ARMAGEDÓN Y EL APOCALIPSIS:

Las Profecías Del Fin Del Mundo

Guerras y rumores de guerras están profetizados para el final de los tiempos, no quiere decir que sea el fin del mundo, sino más bien que se acercan los tiempos en los cuales parte de la humanidad sufrirá estos principales acontecimientos, tales como una gran pérdida de la humanidad. El Armagedón es parte de las señales finales en esta última guerra mundial donde el centro de atención es el pueblo de Israel; varias de las naciones estarán tratando de sitiar a Israel según las profecías y como siempre existirán guerras entre las naciones; dentro de las primeras señales habrá pandemias (cómo pestes), hambrunas y terremotos en varios lugares del mundo, naciones antiguas como Gog y Magog (ahora parte de Rusia y el Medio Oriente) se prepararán para combatir en esta guerra.

En el transcurso de estas señales conocidas como los dolores de parto de la humanidad existirá un pacto de paz entre el medio oriente e Israel conocido como el "pacto santo", que seguramente será a favor de la construcción del tercer templo de Israel entre negociaciones políticas; al final de estos tiempos habrá persecución conforme a las profecías de las 70 semanas de Daniel que coinciden en un momento dado con las el Apocalipsis, confirmando la persecución de Israel y sus 144,000 Escogidos, también los dos profetas principales que se darán cuenta de la situación política y religiosa y pelearán cuando surja el Anticristo para preparar la gran abominación desoladora; en la culminación de las guerras viene el día de la ira qué termina con gran parte de la población mundial con un terremoto universal como señal de la venida de Cristo y sus Ángeles y, posteriormente, la Nueva Jerusalén qué va a ser habitada por su pueblo.

La Biblia, su historia y sus profecías (de más de 3000 años) dan constancia de que fue escrita por inspiración Divina y por diferentes autores, pero habla con exactitud de aquellas profecías que ya son un hecho, más aun se constata que se cumplen en el presente y con la misma exactitud se comprobarán en un futuro no muy lejano ¿quién podría ignorar los hechos qué sucederán después de que sea edificado el tercer templo en Israel? confirmaremos que la Biblia fue escrita por un Dios real, con un plan perfecto y una intención definida, qué el hombre viva eternamente para honra y gloria de Dios.

Índice:

Capítulo 1

EL ARMAGEDÓN:

CASTIGO DE ISRAEL Y A LAS NACIONES POR IDOLATRA O FORNICACIÓN

Jeremías 29:11-13

"Porque yo sé los pensamientos que tengo acerca de vosotros, dice Jehová, pensamientos de paz, y no de mal, para daros el fin que esperáis. Entonces me invocaréis, y vendréis y oraréis a mí, y yo os oiré; Y me buscaréis y me hallaréis, porque me buscaréis de todo vuestro corazón. "

Jeremías 33:8-9

"Y los limpiaré de toda su maldad con que pecaron contra mí; y perdonaré todos sus pecados con que contra mí pecaron, y con qué contra mí se rebelaron. Y me será a mí por nombre de gozo, de alabanza y de gloria, entre todas las naciones de la tierra, que habrán oído todo el bien que yo les hago; y temerán y temblarán de todo el bien y de toda la paz que yo les haré. "

Oseas 4:13-14

"Sobre las cimas de los montes sacrificaron, e incensaron sobre los collados, debajo de las encinas, álamos y olmos que tuviesen buena sombra; por tanto, vuestras hijas fornicarán, y adulterarán vuestras nueras. No castigaré a vuestras hijas cuando forniquen, ni a vuestras nueras cuando adulteren; porque ellos mismos se van con rameras, y con malas mujeres sacrifican; por tanto, el pueblo sin entendimiento caerá. "

Oseas 6:5-7

"Por esta causa los corté por medio de los profetas, con las palabras de mi boca los maté; y tus juicios serán como luz que sale. Porque misericordia quiero, y no sacrificio, y conocimiento de Dios más que holocaustos. Mas ellos, cual Adán, traspasaron el pacto; allí prevaricaron contra mí. "

Vimos parte de los acontecimientos en la Venida de Cristo que refuerzan las diferentes profecías de este tema y aquí vamos a ver cuáles son las posibles naciones que apoyan a la Bestia, cómo toma el poder de diferentes naciones y dónde se encuentran, cómo será la Tercera Guerra Mundial o la Batalla del Armagedón cuando Dios se santificará sobre las naciones para testimonio del mundo, cuánto tiempo durará, quien terminará con estas guerras y cuáles son las profecías y señales que definen el fin de los tiempos; unificaremos diferentes profecías que hablan de los mismos hechos y que nos van aclarando cada acontecimiento para que nos demos cuenta como serán esos tiempos y reconozcamos cuando venga el fin.

Muchos creen que son tres guerras las de Israel: la primera contra Gog y Magog (pueblos que rodean Jerusalén), la segunda contra las naciones de la tierra y la tercera Jesucristo contra Satanás junto con las naciones después del reinado de mil años, pero este capítulo nos muestra que no se trata de tres guerras separadas las que fueron profetizadas, sólo son dos: la del Armagedón y la de después de mil años de paz.

La Biblia nos enseña cómo se nombra a los pueblos alrededor de Jerusalén y después habla de todas las naciones de la tierra y cómo podemos identificar fácilmente a los países que se citan en el valle de Armagedón para la batalla contra los Judíos; además está hablando de guerras importantes ya que, hoy por hoy, hay pequeñas guerras aisladas en el mundo y aún puede suceder una guerra aislada en Israel, si tuvieran los Israelitas que ceder parte de Jerusalén (como lo planeaba el gobierno de los Estados Unidos en un intento de Establecer un tratado de paz).

En el Armagedón Dios destruirá a todos los pueblos que estén alrededor de Jerusalén y que quieran atacar y serán otra vez habitados por los Judíos que alcanzaron a huir, haciendo referencia al final de la profecía de Apocalipsis 12 en la segunda huida de la mujer (que representa al pueblo Judío).

PROFECIA CONTRA GOG Y MAGOG

Ezequiel 38

Vino a mí palabra de Jehová, diciendo: Hijo de hombre, pon tu rostro contra Gogen tierra de Magog, príncipe soberano de Mesec y Tubal, y profetiza contra él, Y di: Así ha dicho Jehová el Señor: He aquí, yo estoy contra ti, oh Gog, príncipe soberano de Mesec y Tubal. Y te quebrantaré, y pondré garfios en tus quijadas, y te sacaré a ti y a todo tu ejército, caballos y jinetes, de todo en todo equipados, gran multitud con paveses y escudos, teniendo todos ellos espadas; Persia, Cus y Fut con ellos; todos ellos con escudo y yelmo; Gomer, y todas sus tropas; la casa de Togarma, de los confines del norte, y todas sus tropas; muchos pueblos contigo. Prepárate y apercíbete, tú y toda tu multitud que se ha reunido a ti, y sé tú su guarda. De aquí a muchos días serás visitado; al cabo de años vendrás a la tierra salvada de la espada, recogida de muchos pueblos, a los montes de Israel, que siempre fueron una desolación; mas fue sacada de las naciones, y todos ellos morarán confiadamente. Subirás tú, y vendrás como tempestad; como nublado para cubrir la tierra serás tú y todas tus tropas, y muchos pueblos contigo. Así ha dicho Jehová el Señor: En aquel día subirán palabras en tu corazón, y concebirás mal pensamiento, y dirás: Subiré contra una tierra indefensa, iré contra gentes tranquilas que habitan confiadamente; todas ellas habitan sin muros, y no tienen cerrojos ni puertas; Para arrebatar despojos y para tomar botín, para poner tus manos sobre las tierras desiertas ya pobladas, y sobre el pueblo recogido de entre las naciones, que se hace de ganado y posesiones, que mora en la parte central de la tierra. Sabá y Dedán, y los mercaderes de Tarsis y todos sus príncipes, te dirán: ¿Has venido a arrebatar despojos? ¿Has reunido tu multitud para tomar botín, para quitar plata y oro, para tomar ganados y posesiones, para tomar grandes despojos? Por tanto, profetiza, hijo de hombre, y di a Gog: Así ha dicho Jehová el Señor: En aquel tiempo, cuando mi pueblo Israel habite con seguridad, ¿no lo sabrás tú? Vendrás de tu lugar, de las regiones del norte, tú y muchos pueblos contigo, todos ellos a caballo, gran multitud y poderoso ejército, Y subirás contra mi pueblo Israel como nublado para cubrir la tierra; será al cabo de los días; y te traeré sobre mi tierra, para que las naciones me conozcan, cuando sea santificado en ti, oh Gog, delante de sus ojos. Así ha dicho Jehová el Señor: ¿No eres tú aquel de quien hablé yo en tiempos pasados por mis siervos los profetas de Israel, los cuales profetizaron en aquellos tiempos que yo te había de traer sobre ellos? En aquel tiempo, cuando venga Gog contra la tierra de Israel, dijo Jehová el Señor, subirá mi ira y mi enojo. Porque he hablado en mi celo, y en el fuego de mi ira: Que en aquel tiempo habrá gran temblor sobre la tierra de Israel; que los peces del mar, las aves del cielo, las bestias del campo y toda serpiente que se arrastra sobre la tierra, y todos los hombres que están sobre la faz de la tierra, temblarán ante mi presencia; y se desmoronarán los montes, y los vallados caerán, y todo muro caerá a tierra. Y en todos mis montes llamaré contra él la espada, dice Jehová el Señor; la espada de cada cual será contra su hermano. Y yo litigaré contra él con pestilencia y con sangre; y haré llover sobre él, sobre sus tropas y sobre los muchos pueblos que están con él, impetuosa lluvia, y piedras de granizo, fuego y azufre. Y seré engrandecido y santificado, y seré conocido ante los ojos de muchas naciones; y sabrán que yo soy Jehová. "

En el capítulo anterior está el mapa que detalla a las naciones de las que hablan estas profecías y, más adelante, está el mapa de la Babilonia antigua, por ejemplo: Persia, Cus, Fut, Gomer, Torgama, Gogem o Magog, Gog, Mesec, Tubal. Viendo el mapa veremos naciones que son parte de África: Libia, Egipto y Sudán; también están India, el Oriente Medio, Irán, Iraq, Arabia, Turquía, Armenia, Kazaquistán, Paquistán, Afganistán, Polonia, Alemania y Rusia. Esos países tienen más posibilidades de participar en el

Armagedón de acuerdo a la profecía. Acerca de España, Francia, Italia, Japón y China no sabemos, parece que todas las naciones que rodean a Israel pelearán contra él. Como la profecía nombra a los pueblos de alrededor y otros y después habla de todas las naciones de la tierra no podemos identificar fácilmente a los países que se darán cita en el valle de Armagedón para la batalla contra los Judíos. Los otros países tampoco serán fáciles de determinar, por ejemplo, el grupo G8: EU, Inglaterra, Canadá, Rusia, Alemania, Francia, Japón, Italia; la mayoría de ellos estarán de seguro involucradas, pero es muy difícil determinar de qué bando estarán. Estas naciones están dirigidas por los Luminati o Iluministas, quienes pretenden controlar la Información del Internet y restringirla para que se pague más de lo que ya se paga y controlar, como siempre, lo que ve la gente. Recordemos que el crac económico y el control del mercado internacional estarán controlados por la marca de la bestia apoyada por las naciones.

Ezequiel 39 (Babilonia)

"Tú pues, hijo de hombre, profetiza contra Gog, y di: Así ha dicho Jehová el Señor: He aquí yo estoy contra ti, oh Gog, príncipe soberano de Mesec y Tubal. Y te quebrantaré, y te conduciré y te haré subir de las partes del norte, y te traeré sobre los montes de Israel; Y sacaré tu arco de tu mano izquierda, y derribaré tus saetas de tu mano derecha. Sobre los montes de Israel caerás tú y todas tus tropas, y los pueblos que fueron contigo; a aves de rapiña de toda especie, y a las fieras del campo, te he dado por comida. Sobre la faz del campo caerás; porque yo he hablado, dice Jehová el Señor. Y enviaré fuego sobre Magog, y sobre los que moran con seguridad en las costas; y sabrán que yo soy Jehová. Y haré notorio mi santo nombre en medio de mi pueblo Israel, y nunca más dejaré profanar mi santo nombre; y sabrán las naciones que yo soy Jehová, el Santo en Israel. He aquí viene, y se cumplirá, dice Jehová el Señor; este es el día del cual he hablado. Y los moradores de las ciudades de Israel saldrán, y encenderán y quemarán armas, escudos,

paveses, arcos y saetas, dardos de mano y lanzas; y los quemarán en el fuego por siete años. No traerán leña del campo, ni cortarán de los bosques, sino quemarán las armas en el fuego; y despojarán a sus despojadores, y robarán a los que les robaron, dice Jehová el Señor. En aquel tiempo yo daré a Gog lugar para sepultura allí en Israel, el valle de los que pasan al oriente del mar; y obstruirá el paso a los transeúntes, pues allí enterrarán a Gog y a toda su multitud; y lo llamarán el Valle de Hamón-gog. Y la casa de Israel los estará enterrando por siete meses, para limpiar la tierra. Los enterrará todo el pueblo de la tierra; y será para ellos célebre el día en que yo sea glorificado, dice Jehová el Señor. Y tomarán hombres a jornal que vayan por el país con los que viajen, para enterrar a los que queden sobre la faz de la tierra, a fin de limpiarla; al cabo de siete meses harán el reconocimiento. Y pasarán los que irán por el país, y el que vea los huesos de algún hombre pondrá junto a ellos una señal, hasta que los entierren los sepultureros en el valle de Hamón-gog. Y también el nombre de la ciudad será Hamona; y limpiarán la tierra. Y tú, hijo de hombre, así ha dicho Jehová el Señor: Di a las aves de toda especie, y a toda fiera del campo: Juntaos, y venid; reuníos de todas partes a mi víctima que sacrifico para vosotros, un sacrificio grande sobre los montes de Israel; y comeréis carne y beberéis sangre. Comeréis carne de fuertes, y beberéis sangre de príncipes de la tierra; de carneros, de corderos, de machos cabríos, de bueyes y de toros, engordados todos en Basán. Comeréis grosura hasta saciaros, y beberéis hasta embriagaros de sangre de las víctimas que para vosotros sacrifiqué. Y os saciaréis sobre mi mesa, de caballos y de jinetes fuertes y de todos los hombres de guerra, dice Jehová el Señor. Y pondré mi gloria entre las naciones, y todas las naciones verán mi juicio que habré hecho, y mi mano que sobre ellos puse. Y de aquel día en adelante sabrá la casa de Israel que yo soy Jehová su Dios. Y sabrán las naciones que la casa de Israel fue llevada cautiva por su pecado, por cuanto se rebelaron contra mí, y yo escondí de ellos mi rostro, y los entregué en manos de sus enemigos, y cayeron todos a espada. Conforme a su inmundicia y conforme a sus rebeliones hice con ellos, y de ellos escondí mi rostro. Por tanto, así ha dicho Jehová el Señor: Ahora volveré la cautividad de Jacob, y tendré misericordia de toda la casa de Israel, y me mostraré celoso por mi Santo Nombre. Y ellos sentirán su vergüenza, y toda su rebelión con que prevaricaron contra mí, cuando habiten en su tierra con seguridad, y no haya quien los espante; Cuando los saque de entre los pueblos, y los reúna de la tierra de sus enemigos, y sea santificado en ellos ante los ojos de muchas naciones. Y sabrán que yo soy Jehová su Dios, cuando después de haberlos llevado al cautiverio entre las naciones, los reúna sobre su tierra, sin dejar allí a ninguno de ellos. Ni esconderé más de ellos mi rostro; porque habré derramado de mi Espíritu sobre la casa de Israel, dice Jehová el Señor. "

Capítulo 2

LA GUERRA CONTRA ISRAEL (EN EL ARMAGEDON)

Zacarías 12:1-14

"Profecía de la palabra de Jehová acerca de Israel. Jehová, que extiende los cielos y funda la tierra, y forma el espíritu del hombre dentro de él, ha dicho: He aquí yo pongo a Jerusalén por copa que hará temblar a todos los pueblos de alrededor contra Judá, en el sitio contra Jerusalén. Y en aquel día yo pondré a Jerusalén por piedra pesada a todos los pueblos; todos los que se la cargaren serán despedazados, bien que todas las naciones de la tierra se juntarán contra ella. En aquel día, dice Jehová, heriré con pánico a todo caballo, y con locura al jinete; mas sobre la casa de Judá abriré mis ojos, y a todo caballo de los pueblos heriré con ceguera. Y los capitanes de Judá dirán en su corazón: Tienen fuerza los habitantes de Jerusalén en Jehová de los ejércitos, su Dios. En aquel día pondré a los capitanes de Judá como brasero de fuego entre leña, y como antorcha ardiendo entre gavillas; y consumirán a diestra y a siniestra a todos los pueblos alrededor; y Jerusalén será otra vez habitada en su lugar, en Jerusalén. Y librará Jehová las tiendas de Judá primero, para que la gloria de la casa de David y del habitante de Jerusalén no se engrandezca sobre Judá. En aquel día Jehová defenderá al morador de Jerusalén; el que entre ellos fuere débil, en aquel tiempo será como David; y la casa de David como Dios, como el ángel de Jehová delante de ellos. Y en aquel día yo procuraré destruir a todas las naciones que vinieren contra Jerusalén. Y derramaré sobre la casa de David, y sobre los moradores de Jerusalén, espíritu de gracia y de oración; y mirarán a mí, a quien traspasaron, y llorarán como se llora por hijo unigénito, afligiéndose por él como quien se aflige por el primogénito. En aquel día habrá gran llanto en Jerusalén, como el llanto de Hadadrimón en el valle de Meguido. Y la tierra lamentará, cada linaje aparte; los descendientes de la casa de David por sí, y sus mujeres por sí; los descendientes de la casa de Natán por sí, y sus mujeres por sí; los descendientes de la casa de Leví por sí, y sus

mujeres por sí; los descendientes de Simei por sí, y sus mujeres por sí;
Todos los otros linajes, cada uno por sí, y sus mujeres por sí. "

Joel 1:18-2:11

"¡Cómo gimieron las bestias! ¡Cuán turbados anduvieron los hatos de los
bueyes, porque no tuvieron pastos! También fueron asolados los rebaños de
las ovejas. A ti, oh Jehová, clamaré; porque fuego consumió los pastos del
desierto, y llama abrasó todos los árboles del campo.

Las bestias del campo bramarán también a ti, porque se secaron los arroyos
de las aguas, y fuego consumió las praderas del desierto. Tocad trompeta en
Sion, y dad alarma en mi santo monte; tiemblen todos los moradores de la
tierra, porque viene el día de Jehová, porque está cercano. Día de tinieblas y
de oscuridad, día de nube y de sombra; como sobre los montes se extiende
el alba, así vendrá un pueblo grande y fuerte; semejante a él no lo hubo
jamás, ni después de él lo habrá en años de muchas generaciones. Delante
de él consumirá fuego, tras de él abrasará llama; como el huerto del Edén
será la tierra delante de él, y detrás de él como desierto asolado; ni tampoco
habrá quien de él escape. Su aspecto, como aspecto de caballos, y como
gente de a caballo correrán. Como estruendo de carros saltarán sobre las
cumbres de los montes; como sonido de llama de fuego que consume
hojarascas, como pueblo fuerte dispuesto para la batalla. Delante de él
temerán los pueblos; se pondrán pálidos todos los semblantes. Como
valientes correrán, como hombres de guerra subirán el muro; cada cual
marchará por su camino, y no torcerá su rumbo. Ninguno estrechará a su
compañero, cada uno irá por su carrera; y aun cayendo sobre la espada no
se herirán. Irán por la ciudad, correrán por el muro, subirán por las casas,
entrarán por las ventanas a manera de ladrones.
Delante de él temblará la tierra, se estremecerán los cielos; el sol y la luna se
oscurecerán, y las estrellas retraerán su resplandor. Y Jehová dará su orden
delante de su ejército; porque muy grande es su campamento; fuerte es el

que ejecuta su orden; porque grande es el día de Jehová, y muy terrible; ¿quién podrá soportarlo?"

La sequía profetizada para poco antes de la Gran Guerra, ocasionada seguramente por el sol, será tan intensa que los hombres estarán buscando donde ocultarse y, por las quemaduras, blasfemarán. Los hijos de Dios no blasfemamos así que seguramente serán hombres que no aceptaron la Salvación de Cristo. El cuarto ángel derrama su copa sobre el sol en Apocalipsis 16:8, viene el Señor con sus Huestes Celestiales, temblará, el sol, la luna y las estrellas se oscurecerán, "es el día de la ira del Señor", todo se empieza a asociar con el día del Arrebato y el Armagedón, no sé si será en un mismo momento o inmediatamente después del arrebato, los ángeles vienen con trompetas por los santos, otros ángeles vienen como ejército a terminar con la guerra o lo que quede de las naciones que estén en el valle de Armagedón (o Meguido, a un lado del mar muerto) y empezarán mil años de paz del reinado de Cristo.

Joel 2:31-32
"El sol se convertirá en tinieblas, y la luna en sangre, antes que venga el día grande y espantoso de Jehová. Y todo aquel que invocare el nombre de Jehová será salvo; porque en el monte de Sion y en Jerusalén habrá salvación, como ha dicho Jehová, y entre el remanente al cual él habrá llamado. "

Joel 3:11-21
"Despiértense las naciones, y suban al valle de Josafat; porque allí me sentaré para juzgar a todas las naciones de alrededor. Echad la hoz, porque la mies está ya madura. Venid, descended, porque el lagar está lleno, rebosan las cubas; porque mucha es la maldad de ellos. Muchos pueblos en el valle de la decisión; porque cercano está el día de Jehová en el valle de la decisión. El sol y la luna se oscurecerán, y las estrellas retraerán su

resplandor. Y Jehová rugirá desde Sion, y dará su voz desde Jerusalén, y temblarán los cielos y la tierra; pero Jehová será la esperanza de su pueblo, y la fortaleza de los hijos de Israel. Y conoceréis que yo soy Jehová vuestro Dios, que habito en Sion, mi santo monte; y Jerusalén será santa, y extraños no pasarán más por ella. Sucederá en aquel tiempo, que los montes destilarán mosto, y los collados fluirán leche, y por todos los arroyos de Judá correrán aguas; y saldrá una fuente de la casa de Jehová, y regará el valle de Sitim. Egipto será destruido, y Edom será vuelto en desierto asolado, por la injuria hecha a los hijos de Judá; porque derramaron en su tierra sangre inocente. Pero Judá será habitada para siempre, y Jerusalén por generación y generación. Y limpiaré la sangre de los que no había limpiado; y Jehová morará en Sion. "

Oseas 1:7

"Más de la casa de Judá tendré misericordia, y los salvaré por Jehová su Dios; y no los salvaré con arco, ni con espada, ni con batalla, ni con caballos ni jinetes."

Oseas 13:14

"De la mano del Seol los redimiré, los libraré de la muerte. Oh muerte, yo seré tu muerte; y seré tu destrucción, oh Seol; la compasión será escondida de mi vista. "

Malaquías 2:10-13

"¿No tenemos todos un mismo padre? ¿No nos ha creado un mismo Dios? ¿Por qué, pues, nos portamos deslealmente el uno contra el otro, profanando el pacto de nuestros padres? Prevaricó Judá, y en Israel y en Jerusalén se ha cometido abominación; porque Judá ha profanado el santuario de Jehová que él amó, y se casó con hija de dios extraño. Jehová cortará de las tiendas de Jacob al hombre que hiciere esto, al que vela y al que responde, y al que ofrece ofrenda a Jehová de los ejércitos. Y esta otra *vez haréis cubrir el altar de Jehová de lágrimas, de llanto, y de clamor; así que no miraré más a la ofrenda, para aceptarla con gusto de vuestra mano. "*

Malaquías 4:1-4

"Porque he aquí, viene el día ardiente como un horno, y todos los soberbios y todos los que hacen maldad serán estopa; aquel día que vendrá los abrasará, ha dicho Jehová de los ejércitos, y no les dejará ni raíz ni rama. Más a vosotros los que teméis mi nombre, nacerá el Sol de justicia, y en sus alas traerá salvación; y saldréis, y saltaréis como becerros de la manada. Hollaréis a los malos, los cuales serán ceniza bajo las plantas de vuestros pies, en el día en que yo actúe, ha dicho Jehová de los ejércitos. Acordaos de la ley de Moisés mi siervo, al cual encargué en Horeb ordenanzas y leyes para todo Israel. "

Ezequiel 26:20

Ahora se estremecerán las islas en el día de tu caída; sí, las islas que están en el mar se espantarán a causa de tu fin. Porque así ha dicho Jehová el Señor: Yo te convertiré en ciudad asolada, como las ciudades que no se habitan; haré subir sobre ti el abismo, y las muchas aguas te cubrirán. Y te haré descender con los que descienden al sepulcro, con los pueblos de otros siglos, y te pondré en las profundidades de la tierra, como los desiertos antiguos, con los que descienden al sepulcro, para que nunca más seas poblada; y daré gloria en la tierra de los vivientes. Te convertiré en espanto, y dejarás de ser; serás buscada, y nunca más serás hallada, dice Jehová el Señor. "

Ezequiel 31:12-17

"Y lo destruirán extranjeros, los poderosos de las naciones, y lo derribarán; sus ramas caerán sobre los montes y por todos los valles, y por todos los arroyos de la tierra será quebrado su ramaje; y se irán de su sombra todos los pueblos de la tierra, y lo dejarán. Sobre su ruina habitarán todas las aves

del cielo, y sobre sus ramas estarán todas las bestias del campo, Para que no se exalten en su altura todos los árboles que crecen junto a las aguas, ni levanten su copa entre la espesura, ni confíen en su altura todos los que beben aguas; porque todos están destinados a muerte, a lo profundo de la tierra, entre los hijos de los hombres, con los que descienden a la fosa. Así ha dicho Jehová el Señor: El día que descendió al Seol, hice hacer luto, hice cubrir por él el abismo, y detuve sus ríos, y las muchas aguas fueron detenidas; al Líbano cubrí de tinieblas por él, y todos los árboles del campo se desmayaron. Del estruendo de su caída hice temblar a las naciones, cuando las hice descender al Seol con todos los que descienden a la sepultura; y todos los árboles escogidos del Edén, y los mejores del Líbano, todos los que beben aguas, fueron consolados en lo profundo de la tierra. También ellos descendieron con él al Seol, con los muertos a espada, los que fueron su brazo, los que estuvieron a su sombra en medio de las naciones. "

Ezequiel 32:7-10

"Y cuando te haya extinguido, cubriré los cielos, y haré entenebrecer sus estrellas; el sol cubriré con nublado, y la luna no hará resplandecer su luz. Haré entenebrecer todos los astros brillantes del cielo por ti, y pondré tinieblas sobre tu tierra, dice Jehová el Señor. Y entristeceré el corazón de muchos pueblos, cuando lleve al cautiverio a los tuyos entre las naciones, por las tierras que no conociste. Y dejaré atónitos por ti a muchos pueblos, y sus reyes tendrán horror grande a causa de ti, cuando haga resplandecer mi espada delante de sus rostros; y todos se sobresaltarán en sus ánimos a cada momento en el día de tu caída. "

Isaías 1:21

"¿Cómo te has convertido en ramera, oh ciudad fiel? Llena estuvo de justicia, en ella habitó la equidad; pero ahora, los homicidas. "

Isaías 1:27-28

"Sion será rescatada con juicio, y los convertidos de ella con justicia, Pero los rebeldes y pecadores a una serán quebrantados, y los que dejan a Jehová serán consumidos."

Isaías 2:7-22

"Su tierra está llena de plata y oro, sus tesoros no tienen fin. También está su tierra llena de caballos, y sus carros son innumerables. Además, su tierra está llena de ídolos, y se han arrodillado ante la obra de sus manos y ante lo que fabricaron sus dedos. Y se ha inclinado el hombre, y el varón se ha humillado; por tanto, no los perdones. Métete en la peña, escóndete en el polvo, de la presencia temible de Jehová, y del resplandor de su majestad. La altivez de los ojos del hombre será abatida, y la soberbia de los hombres será humillada; y Jehová solo será exaltado en aquel día. Porque día de Jehová de los ejércitos vendrá sobre todo soberbio y altivo, sobre todo enaltecido, y será abatido; sobre todos los cedros del Líbano altos y erguidos, y sobre todas las encinas de Basán; sobre todos los montes altos, y sobre todos los collados elevados; sobre toda torre alta, y sobre todo muro fuerte; Sobre todas las naves de Tarsis, y sobre todas las pinturas preciadas. La altivez del hombre será abatida, y la soberbia de los hombres será humillada; y solo Jehová será exaltado en aquel día. Y quitará totalmente los ídolos. Y se meterán en las cavernas de las peñas y en las aberturas de la tierra, por la presencia temible de Jehová, y por el resplandor de su majestad, cuando él se levante para castigar la tierra. Aquel día arrojará el hombre a los topos y murciélagos sus ídolos de plata y sus ídolos de oro, que le hicieron para que adorase, Y se meterá en las hendiduras de las rocas y en las cavernas de las peñas, por la presencia formidable de Jehová, y por el resplandor de su majestad, cuando se levante para castigar la tierra. Dejaos del hombre, cuyo aliento está en su nariz; porque ¿de qué es él estimado?"

Zacarías 10:2, 11

"Porque los terafines han dado vanos oráculos, y los adivinos han visto mentira, han hablado sueños vanos, y vano es su consuelo; por lo cual el pueblo vaga como ovejas, y sufre porque no tiene pastor. Y la tribulación pasará por el mar, y herirá en el mar las ondas, y se secarán todas las profundidades del río; y la soberbia de Asiria será derribada, y se perderá el cetro de Egipto. "

Zacarías 13

"En aquel tiempo habrá un manantial abierto para la casa de David y para los habitantes de Jerusalén, para la purificación del pecado y de la inmundicia. Y en aquel día, dice Jehová de los ejércitos, quitaré de la tierra los nombres de las imágenes, y nunca más serán recordados; y también haré cortar de la tierra a los profetas y al espíritu de inmundicia. Y acontecerá que cuando alguno profetizare aún, le dirán su padre y su madre que lo engendraron: No vivirás, porque has hablado mentira en el nombre de Jehová; y su padre y su madre que lo engendraron le traspasarán cuando profetizare. Y sucederá en aquel tiempo, que todos los profetas se avergonzarán de su visión cuando profetizaren; ni nunca más vestirán el manto velloso para mentir. Y dirá: No soy profeta; labrador soy de la tierra, pues he estado en el campo desde mi juventud. Y le preguntarán: ¿Qué heridas son estas en tus manos? Y él responderá: Con ellas fui herido en casa de mis amigos. Levántate, oh espada, contra el pastor, y contra el hombre compañero mío, dice Jehová de los ejércitos. Hiere al pastor, y serán dispersadas las ovejas; y haré volver mi mano contra los pequeñitos. Y acontecerá en toda la tierra, dice Jehová, que las dos terceras partes serán cortadas en ella, y se perderán; mas la tercera quedará en ella. Y meteré en el fuego a la tercera parte, y los fundiré como se funde la plata, y los probaré como se prueba el oro. El invocará mi nombre, y yo le oiré, y diré: Pueblo mío; y él dirá: Jehová es mi Dios. "

Zacarías 14

He aquí, el día de Jehová viene, y en medio de ti serán repartidos tus despojos. Porque yo reuniré a todas las naciones para combatir contra Jerusalén; y la ciudad será tomada, y serán saqueadas las casas, y violadas las mujeres; y la mitad de la ciudad irá en cautiverio, mas el resto del pueblo no será cortado de la ciudad. Después saldrá Jehová y peleará con aquellas naciones, como peleó en el día de la batalla. Y se afirmarán sus pies en aquel día sobre el monte de los Olivos, que está en frente de Jerusalén al oriente; y el monte de los Olivos se partirá por en medio, hacia el oriente y hacia el occidente, haciendo un valle muy grande; y la mitad del monte se apartará hacia el norte, y la otra mitad hacia el sur. Y huiréis al valle de los montes, porque el valle de los montes llegará hasta Azal; huiréis de la manera que huisteis por causa del terremoto en los días de Uzías rey de Judá; y vendrá Jehová mi Dios, y con él todos los santos. Y acontecerá que en ese día no habrá luz clara, ni oscura. Será un día, el cual es conocido de Jehová, que no será ni día ni noche; pero sucederá que al caer la tarde habrá luz. Acontecerá también en aquel día, que saldrán de Jerusalén aguas vivas, la mitad de ellas hacia el mar oriental, y la otra mitad hacia el mar occidental, en verano y en invierno. Y Jehová será rey sobre toda la tierra. En aquel día Jehová será uno, y uno su nombre. Toda la tierra se volverá como llanura desde Geba hasta Rimón al sur de Jerusalén; y ésta será enaltecida, y habitada en su lugar desde la puerta de Benjamín hasta el lugar de la puerta primera, hasta la puerta del Angulo, y desde la torre de Hananeel hasta los lagares del rey. Y morarán en ella, y no habrá nunca más maldición, sino que Jerusalén será habitada confiadamente. Y esta será la plaga con que herirá Jehová a todos los pueblos que pelearon contra Jerusalén: la carne de ellos se corromperá estando ellos sobre sus pies, y se consumirán en las cuencas sus ojos, y la lengua se les deshará en su boca. Y acontecerá en aquel día que habrá entre ellos gran pánico enviado por Jehová; y trabará cada uno de la mano de su compañero, y levantará su mano contra la mano de su compañero. Y Judá también peleará en Jerusalén. Y serán reunidas las riquezas de todas las naciones de alrededor: oro y plata, y ropas de vestir, en gran abundancia.

Así también será la plaga de los caballos, de los mulos, de los camellos, de los asnos, y de todas las bestias que estuvieren en aquellos campamentos. Y todos los que sobrevivieren de las naciones que vinieron contra Jerusalén, subirán de año en año para adorar al Rey, a Jehová de los ejércitos, y a celebrar la fiesta de los tabernáculos. Y acontecerá que los de las familias de la tierra que no subieren a Jerusalén para adorar al Rey, Jehová de los ejércitos, no vendrá sobre ellos lluvia. Y si la familia de Egipto no subiere y no viniere, sobre ellos no habrá lluvia; vendrá la plaga con que Jehová herirá las naciones que no subieren a celebrar la fiesta de los tabernáculos. Esta será la pena del pecado de Egipto, y del pecado de todas las naciones que no subieren para celebrar la fiesta de los tabernáculos. En aquel día estará grabado sobre las campanillas de los caballos: SANTIDAD A JEHOVÁ; y las ollas de la casa de Jehová serán como los tazones del altar. Y toda olla en Jerusalén y Judá será consagrada a Jehová de los ejércitos; y todos los que sacrificaren vendrán y tomarán de ellas, y cocerán en ellas; y no habrá en aquel día más mercader en la casa de Jehová de los ejércitos. "

2ª Tesalonicenses 2:8-14 (Predestinados).
"Porque ya está en acción el misterio de la iniquidad; sólo que hay quien al presente lo detiene, hasta que él a su vez sea quitado de en medio. Y entonces se manifestará aquel inicuo, a quien el Señor matará con el espíritu de su boca, y destruirá con el resplandor de su venida; (la Bestia). Inicuo cuyo advenimiento es por obra de Satanás, con gran poder y señales y prodigios mentirosos, Y con todo engaño de iniquidad para los que se pierden, por cuanto no recibieron el amor de la verdad para ser salvos. Por esto Dios les envía un poder engañoso, para que crean la mentira, A fin de que sean condenados todos los que no creyeron a la verdad, sino que se complacieron en la injusticia. Pero nosotros debemos dar siempre gracias a Dios respecto a vosotros, hermanos amados por el Señor, de que Dios os haya escogido desde el principio para salvación, mediante la santificación por el Espíritu y la fe en la verdad. "

Isaías 6:8-10

"Después oí la voz del Señor, que decía: ¿A quién enviaré, y quién irá por nosotros? Entonces respondí yo: Heme aquí, envíame a mí. Y dijo: Anda, y di a este pueblo: Oíd bien, y no entendáis; ved por cierto, mas no comprendáis. Engruesa el corazón de este pueblo, y agrava sus oídos, y ciega sus ojos, para que no vea con sus ojos, ni oiga con sus oídos, ni su corazón entienda, ni se convierta, y haya para él sanidad. "

Isaías 5:20-30

"¡Ay de los que a lo malo dicen bueno, y a lo bueno malo; que hacen de la luz tinieblas, y de las tinieblas luz; que ponen lo amargo por dulce, y lo dulce por amargo!¡Ay de los sabios en sus propios ojos, y de los que son prudentes delante de sí mismos!¡Ay de los que son valientes para beber vino, y hombres fuertes para mezclar bebida; Los que justifican al impío mediante cohecho, y al justo quitan su derecho! Por tanto, como la lengua del fuego consume el rastrojo, y la llama devora la paja, así será su raíz como podredumbre, y su flor se desvanecerá como polvo; porque desecharon la ley de Jehová de los ejércitos, y abominaron la palabra del Santo de Israel. Por esta causa se encendió el furor de Jehová contra su pueblo, y extendió contra él su mano, y le hirió; y se estremecieron los montes, y sus cadáveres fueron arrojados en medio de las calles. Con todo esto no ha cesado su furor, sino que todavía su mano está extendida. Alzará pendón a naciones lejanas, y silbará al que está en el extremo de la tierra; y he aquí que vendrá pronto y velozmente. No habrá entre ellos cansado, ni quien tropiece; ninguno se dormirá, ni le tomará sueño; a ninguno se le desatará el cinto de los lomos, ni se le romperá la correa de sus sandalias. Sus saetas estarán afiladas, y todos sus arcos entesados; los cascos de sus caballos parecerán como de pedernal, y las ruedas de sus carros como torbellino. Su rugido será como de león; rugirá a manera de leoncillo, crujirán los dientes, y arrebatará la presa; se la llevará con seguridad, y

nadie se la quitará. Y bramará sobre él en aquel día como bramido del mar; entonces mirará hacia la tierra, y he aquí tinieblas de tribulación, y en sus cielos se oscurecerá la luz. ”

Isaías 13:1-22

“Profecía sobre Babilonia, revelada a Isaías hijo de Amoz. Levantad bandera sobre un alto monte; alzad la voz a ellos, alzad la mano, para que entren por puertas de príncipes. Yo mandé a mis consagrados, asimismo llamé a mis valientes para mi ira, a los que se alegran con mi gloria. Estruendo de multitud en los montes, como de mucho pueblo; estruendo de ruido de reinos, de naciones reunidas; Jehová de los ejércitos pasa revista a las tropas para la batalla. Vienen de lejana tierra, de lo postrero de los cielos, Jehová y los instrumentos de su ira, para destruir toda la tierra. Aullad, porque cerca está el día de Jehová; vendrá como asolamiento del Todopoderoso. Por tanto, toda mano se debilitará, y desfallecerá todo corazón de hombre, Y se llenarán de terror; angustias y dolores se apoderarán de ellos; tendrán dolores como mujer de parto; se asombrará cada cual al mirar a su compañero; sus rostros, rostros de llamas. He aquí el día de Jehová viene, terrible, y de indignación y ardor de ira, para convertir la tierra en soledad, y raer de ella a sus pecadores. Por lo cual las estrellas de los cielos y sus luceros no darán su luz; y el sol se oscurecerá al nacer, y la luna no dará su resplandor. Y castigaré al mundo por su maldad, y a los impíos por su iniquidad; y haré que cese la arrogancia de los soberbios, y abatiré la altivez de los fuertes. Haré más precioso que el oro fino al varón, y más que el oro de Ofir al hombre. Porque haré estremecer los cielos, y la tierra se moverá de su lugar, en la indignación de Jehová de los ejércitos, y en el día del ardor de su ira. Y como gacela perseguida, y como oveja sin pastor, cada cual mirará hacia su pueblo, y cada uno huirá a su tierra. Cualquiera que sea hallado será alanceado; y cualquiera que por ellos sea tomado, caerá a espada. Sus niños serán estrellados delante de ellos; sus casas serán saqueadas, y violadas sus mujeres. He aquí que yo despierto contra ellos a los medos, que no se ocuparán de la plata, ni codiciarán oro. Con arco tirarán a los niños, y no tendrán misericordia del fruto del vientre, ni su ojo perdonará a los hijos. Y Babilonia, hermosura de reinos y ornamento de la grandeza de los caldeos, será como Sodoma y Gomorra, a las que trastornó Dios. Nunca más será habitada, ni se morará en ella de generación en generación; ni levantará allí tienda el árabe, ni pastores tendrán allí majada; Sino que dormirán allí las fieras del desierto, y sus casas se llenarán de hurones; allí habitarán avestruces, y allí saltarán las cabras salvajes. En sus palacios aullarán hienas, y chacales en sus casas de deleite; y cercano a llegar está su tiempo, y sus días no se alargarán. ”

Isaías 17:11-14

“El día que las plantes, las harás crecer, y harás que su simiente brote de mañana; pero la cosecha será arrebatada en el día de la angustia, y del dolor desesperado. ¡Ay! multitud de muchos pueblos que harán ruido como estruendo del mar, y murmullo de naciones que harán alboroto como bramido de muchas aguas. Los pueblos harán estrépito como de ruido de muchas aguas; pero Dios los reprenderá, y huirán lejos; serán ahuyentados como el tamo de los montes delante del viento, y como el polvo delante del torbellino. Al tiempo de la tarde, he aquí la turbación, pero antes de la mañana el enemigo ya no existe. Esta es la parte de los que nos aplastan, y la suerte de los que nos saquean. ”

Isaías 24:1-23

“He aquí que Jehová vacía la tierra y la desnuda, y trastorna su faz, y hace esparcir a sus moradores. Y sucederá, así como al pueblo, también al sacerdote; como al siervo, así a su amo; como a la criada, a su ama; como al que compra, al que vende; como al que presta, al que toma prestado; como al que da a logro, así al que lo recibe. La tierra será enteramente vaciada, y completamente saqueada; porque Jehová ha pronunciado esta palabra. Se destruyó, cayó la tierra; enfermó, cayó el mundo; enfermaron los altos *pueblos de la tierra. Y la tierra se contaminó bajo sus moradores; porque traspasaron las leyes, falsearon el derecho, quebrantaron el pacto sempiterno. Por esta causa la maldición consumió la tierra, y sus moradores fueron asolados; por esta causa fueron consumidos los habitantes de la tierra, y disminuyeron los hombres. Se perdió el vino, enfermó la vid, gimieron todos los que eran alegres de corazón. Cesó el regocijo de los panderos, se acabó el estruendo de los que se alegran, cesó la alegría del arpa. No beberán vino con cantar; la sidra les será amarga a los que la bebieren. Quebrantada está la ciudad por la vanidad; toda casa se ha cerrado, para que no entre nadie. Hay clamores por falta de vino en las calles; todo gozo se oscureció, se desterró la alegría de la tierra. La ciudad quedó desolada, y con ruina fue derribada la puerta. Porque así será en medio de la tierra, en medio de los pueblos, como olivo sacudido, como rebuscos después de la vendimia. Estos alzarán su voz, cantarán gozosos por la grandeza de Jehová; desde el mar darán voces. Glorificad por esto a Jehová en los valles; en las orillas del mar sea nombrado Jehová Dios de Israel. De lo postrero de la tierra oímos cánticos: Gloria al justo. Y yo dije: ¡Mi desdicha, mi desdicha, ay de mí! Prevaricadores han prevaricado; y han prevaricado con prevaricación de desleales. Terror, foso y red sobre ti, oh morador de la tierra. Y acontecerá que el que huyere de la voz del terror caerá en el foso; y el que saliere de en medio del foso será preso en la red; porque de lo alto se abrirán ventanas, y temblarán los cimientos de la tierra. Será quebrantada del todo la tierra, enteramente desmenuzada será la tierra, en gran manera será la tierra conmovida. Temblará la tierra como un ebrio, y será removida como una choza; y se agravará sobre ella su pecado, y caerá, y nunca más se levantará. Acontecerá en aquel día, que Jehová castigará al ejército de los cielos en lo alto, y a los reyes de la tierra sobre la tierra. Y serán amontonados como se amontona a los encarcelados en mazmorra, y en prisión quedarán encerrados, y serán castigados después de muchos días. La luna se avergonzará, y el sol se confundirá, cuando Jehová de los* ejércitos reine en el monte de Sion y en Jerusalén, y delante de sus ancianos sea glorioso. "

Isaías 25:6-12

"Y Jehová de los ejércitos hará en este monte a todos los pueblos banquete de manjares suculentos, banquete de vinos refinados, de gruesos tuétanos y de vinos purificados. Y destruirá en este monte la cubierta con que están cubiertos todos los pueblos, y el velo que envuelve a todas las naciones. Destruirá a la muerte para siempre; y enjugará Jehová el Señor toda lágrima de todos los rostros; y quitará la afrenta de su pueblo de toda la tierra; porque Jehová lo ha dicho. Y se dirá en aquel día: He aquí, éste es nuestro Dios, le hemos esperado, y nos salvará; éste es Jehová a quien hemos esperado, nos gozaremos y nos alegraremos en su salvación. Porque la mano de Jehová reposará en este monte; pero Moab será hollado en su mismo sitio, como es hollada la paja en el muladar. Y extenderá su mano por en medio de él, como la extiende el nadador para nadar; y abatirá su soberbia y la destreza de sus manos; Y abatirá la fortaleza de tus altos muros; la humillará y la echará a tierra, hasta el polvo. "

Isaías 26:1-26

En aquel día cantarán este cántico en tierra de Judá: Fuerte ciudad tenemos; salvación puso Dios por muros y antemuro. Abrid las puertas, y entrará la gente justa, guardadora de verdades. Tú guardarás en completa paz a aquel cuyo pensamiento en ti persevera; porque en ti ha confiado. Confiad en Jehová perpetuamente, porque en Jehová el Señor está la fortaleza de los siglos. Porque derribó a los que moraban en lugar sublime; humilló a la ciudad exaltada, la humilló hasta la tierra, la derribó hasta el polvo. La hollará pie, los pies del afligido, los pasos de los menesterosos. El camino del justo es rectitud; tú, que eres recto, pesas el camino del justo. También en el camino de tus juicios, oh Jehová, te hemos esperado; tu nombre y tu memoria son el deseo de nuestra alma. Con mi alma te he deseado en la noche, y en tanto que me dure el espíritu dentro de mí, madrugaré a buscarte; porque luego que hay juicios tuyos en la tierra, los moradores del mundo aprenden justicia. Se mostrará piedad al malvado, y no aprenderá justicia; en tierra de rectitud hará iniquidad, y no mirará a la majestad de Jehová. Jehová, tu mano está alzada, pero ellos no ven; verán al fin, y se avergonzarán los que envidian a tu pueblo; y a tus enemigos fuego los consumirá. Jehová, tú nos darás paz, porque también hiciste en nosotros todas nuestras obras. Jehová Dios nuestro, otros señores fuera de ti se han enseñoreado de nosotros; pero en ti solamente nos acordaremos de tu nombre. Muertos son, no vivirán; han fallecido, no resucitarán; porque los castigaste, y destruiste y deshiciste todo su recuerdo. Aumentaste el pueblo, oh Jehová, aumentaste el pueblo; te hiciste glorioso; ensanchaste todos los confines de la tierra. Jehová, en la tribulación te buscaron; derramaron oración cuando los castigaste. Como la mujer encinta cuando se acerca el alumbramiento gime y da gritos en sus dolores, así hemos sido delante de ti, oh Jehová. Concebimos, tuvimos dolores de parto, dimos a luz viento; ninguna liberación hicimos en la tierra, ni cayeron los moradores del mundo. Tus muertos vivirán; sus cadáveres resucitarán. ¡Despertad y cantad, moradores del polvo! porque tu rocío es cual rocío de hortalizas, y la tierra dará sus muertos. Anda, pueblo mío, entra en tus aposentos, cierra tras ti tus puertas; escóndete un poquito, por un momento, en tanto que pasa la indignación. Porque he aquí que Jehová sale de su lugar para castigar al morador de la tierra por su maldad contra él; y la tierra descubrirá la sangre derramada sobre ella, y no encubrirá ya más a sus muertos. "

Isaías 27:1-13

"En aquel día Jehová castigará con su espada dura, grande y fuerte al leviatán serpiente veloz, y al leviatán serpiente tortuosa; y matará al dragón que está en el mar. En aquel día cantad acerca de la viña del vino rojo. Yo Jehová la guardo, cada momento la regaré; la guardaré de noche y de día, para que nadie la dañe. No hay enojo en mí. ¿Quién pondrá contra mí en batalla espinos y cardos? Yo los hollaré, los quemaré a una. ¿O forzará alguien mi fortaleza? Haga conmigo paz; sí, haga paz conmigo. Días vendrán cuando Jacob echará raíces, florecerá y echará renuevos Israel, y la faz del mundo llenará de fruto. ¿Acaso ha sido herido como quien lo hirió, o ha sido muerto como los que lo mataron? Con medida lo castigarás en sus vástagos. El los remueve con su recio viento en el día del aire solano. De esta manera, pues, será perdonada la iniquidad de Jacob, y este será todo el fruto, la remoción de su pecado; cuando haga todas las piedras del altar como piedras de cal desmenuzadas, y no se levanten los símbolos de Asera ni las imágenes del sol. Porque la ciudad fortificada será desolada, la ciudad habitada será abandonada y dejada como un desierto; allí pastará el becerro, allí tendrá su majada, y acabará sus ramas. Cuando sus ramas se sequen, serán quebradas; mujeres vendrán a encenderlas; porque aquel no es pueblo de entendimiento; por tanto, su Hacedor no tendrá de él misericordia, ni se compadecerá de él el que lo formó. Acontecerá en aquel día, que trillará Jehová desde el río Éufrates hasta el torrente de Egipto, y vosotros, hijos de Israel, seréis reunidos uno a uno. Acontecerá también en aquel día, que se tocará con gran trompeta, y vendrán los que habían sido esparcidos en la tierra de Asiria, y los que habían sido desterrados a Egipto, y adorarán a Jehová en el monte santo, en Jerusalén. "

Isaías 28:1-13

"¡Ay de la corona de soberbia de los ebrios de Efraín, y de la flor caduca de la hermosura de su gloria, que está sobre la cabeza del valle fértil de los aturdidos del vino! He aquí, Jehová tiene uno que es fuerte y poderoso; como turbión de granizo y como torbellino trastornador, como ímpetu de recias aguas que inundan, con fuerza derriba a tierra. Con los pies será pisoteada la corona de soberbia de los ebrios de Efraín. Y será la flor caduca de la hermosura de su gloria que está sobre la cabeza del valle fértil, como la fruta temprana, la primera del verano, la cual, apenas la ve el que la mira, se la traga tan luego como la tiene a mano. En aquel día Jehová de los ejércitos será por corona de gloria y diadema de hermosura al remanente de su pueblo; Y por espíritu de juicio al que se sienta en juicio, y por fuerzas a los que rechacen la batalla en la puerta. Pero también éstos erraron con el vino, y con sidra se entontecieron; el sacerdote y el profeta erraron con sidra, fueron trastornados por el vino; se aturdieron con la sidra, erraron en la visión, tropezaron en el juicio. Porque toda mesa está llena de vómito y suciedad, hasta no haber lugar limpio. ¿A quién se enseñará ciencia, o a quién se hará entender doctrina? ¿A los destetados? ¿A los arrancados de los pechos? Porque mandamiento tras mandamiento, mandato sobre mandato, renglón tras renglón, línea sobre línea, un poquito allí, otro poquito allá; Porque en lengua de tartamudos, y en extraña lengua hablará a este pueblo, A los cuales él dijo: Este es el reposo; dad reposo al cansado; y este es el refrigerio; mas no quisieron oír. La palabra, pues, de Jehová les será mandamiento tras mandamiento, mandato sobre mandato, renglón tras renglón, línea sobre línea, un poquito allí, otro poquito allá; hasta que vayan y caigan de espaldas, y sean quebrantados, enlazados y presos. Por tanto, varones burladores que gobernáis a este pueblo que está en Jerusalén, oíd la palabra de Jehová. Por cuanto habéis dicho: Pacto tenemos hecho con la muerte, e hicimos convenio con el Seol; cuando pase el turbión del azote, no llegará a nosotros, porque hemos puesto nuestro refugio en la mentira, y en la falsedad nos esconderemos; Por tanto, Jehová el Señor dice así: He aquí que yo he puesto en Sion por fundamento una piedra, piedra probada, angular, preciosa, de cimiento estable; el que creyere, no se apresure. Y ajustaré el juicio a cordel, y a nivel la justicia; y granizo barrerá el refugio de la mentira, y aguas arrollarán el escondrijo. Y será anulado vuestro pacto con la muerte, y vuestro convenio con el Seol no será firme; cuando pase el turbión del azote, seréis de él pisoteados. Luego que comience a pasar, él os arrebatará; porque de mañana en mañana pasará, de día y de noche; y será ciertamente espanto el entender lo oído. La cama será corta para poder estirarse, y la manta estrecha para poder envolverse. Porque Jehová se levantará como en el monte Perazim, como en el valle de Gabaón se enojará;

para hacer su obra, su extraña obra, y para hacer su operación, su extraña operación. Ahora, pues, no os burléis, para que no se aprieten más vuestras ataduras; porque destrucción ya determinada sobre toda la tierra he oído del Señor, Jehová de los ejércitos. "

Isaías 29:1-16

"¡Ay de Ariel, de Ariel, ciudad donde habitó David! Añadid un año a otro, las fiestas sigan su curso. Más yo pondré a Ariel en apretura, y será desconsolada y triste; y será a mí como Ariel. Porque acamparé contra ti alrededor, y te sitiaré con campamentos, y levantaré contra ti baluartes. Entonces serás humillada, hablarás desde la tierra, y tu habla saldrá del polvo; y será tu voz de la tierra como la de un fantasma, y tu habla susurrará desde el polvo. Y la muchedumbre de tus enemigos será como polvo menudo, y la multitud de los fuertes como tamo que pasa; y será repentinamente, en un momento. Por Jehová de los ejércitos serás visitada con truenos, con terremotos y con gran ruido, con torbellino y tempestad, y llama de fuego consumidor. Y será como sueño de visión nocturna la multitud de todas las naciones que pelean contra Ariel, y todos los que pelean contra ella y su fortaleza, y los que la ponen en apretura. Y les sucederá como el que tiene hambre y sueña, y le parece que come, pero cuando despierta, su estómago está vacío; o como el que tiene sed y sueña, y le parece que bebe, pero cuando despierta, se halla cansado y sediento; así será la multitud de todas las naciones que pelearán contra el monte de Sion. Deteneos y maravillaos; ofuscaos y cegaos; embriagaos, y no de vino; tambalead, y no de sidra. Porque Jehová derramó sobre vosotros espíritu de sueño, y cerró los ojos de vuestros profetas, y puso velo sobre las cabezas de vuestros videntes. Y os será toda visión como palabras de libro sellado, el cual si dieren al que sabe leer, y le dijeren: Lee ahora esto; él dirá: No puedo, porque está sellado. Y si se diere el libro al que no sabe leer, diciéndole: Lee ahora esto; él dirá: No sé leer. Dice, pues, el Señor: Porque este pueblo se acerca a mí con su boca, y con sus labios me honra, pero su

corazón está lejos de mí, y su temor de mí no es más que un mandamiento de hombres que les ha sido enseñado; Por tanto, he aquí que nuevamente excitaré yo la admiración de este pueblo con un prodigio grande y espantoso; porque perecerá la sabiduría de sus sabios, y se desvanecerá la inteligencia de sus entendidos. ¡Ay de los que se esconden de Jehová encubriendo el consejo, y sus obras están en tinieblas, y dicen: ¿Quién nos ve, y quién nos conoce? Vuestra perversidad ciertamente será reputada como el barro del alfarero. ¿Acaso la obra dirá de su hacedor: No me hizo? ¿Dirá la vasija de aquel que la ha formado: No entendió?"

Isaías 34:1-10

Acercaos, naciones, juntaos para oír; y vosotros, pueblos, escuchad. Oiga la tierra y cuanto hay en ella, el mundo y todo lo que produce. Porque Jehová está airado contra todas las naciones, e indignado contra todo el ejército de ellas; las destruirá y las entregará al matadero. Y los muertos de ellas serán arrojados, y de sus cadáveres se levantará hedor; y los montes se disolverán por la sangre de ellos. Y todo el ejército de los cielos se disolverá, y se enrollarán los cielos como un libro; y caerá todo su ejército, como se cae la hoja de la parra, y como se cae la de la higuera. Porque en los cielos se embriagará mi espada; he aquí que descenderá sobre Edom en juicio, y sobre el pueblo de mi anatema. Llena está de sangre la espada de Jehová, engrasada está de grosura, de sangre de corderos y de machos cabríos, de grosura de riñones de carneros; porque Jehová tiene sacrificios en Bosra, y grande matanza en tierra de Edom. Y con ellos caerán búfalos, y toros con becerros; y su tierra se embriagará de sangre, y su polvo se engrasará de grosura. Porque es día de venganza de Jehová, año de retribuciones en el pleito de Sion. Y sus arroyos se convertirán en brea, y su polvo en azufre, y su tierra en brea ardiente. No se apagará de noche ni de día, perpetuamente subirá su humo; de generación en generación será asolada, nunca jamás pasará nadie por ella."

Isaías 47:11-15

"Vendrá, pues, sobre ti mal, cuyo nacimiento no sabrás; caerá sobre ti quebrantamiento, el cual no podrás remediar; y destrucción que no sepas vendrá de repente sobre ti. Estate ahora en tus encantamientos y en la multitud de tus hechizos, en los cuales te fatigaste desde tu juventud; quizá podrás mejorarte, quizá te fortalecerás. Te has fatigado en tus muchos consejos. Comparezcan ahora y te defiendan los contempladores de los cielos, los que observan las estrellas, los que cuentan los meses, para pronosticar lo que vendrá sobre ti. He aquí que serán como tamo; fuego los quemará, no salvarán sus vidas del poder de la llama; no quedará brasa para calentarse, ni lumbre a la cual se sienten. Así te serán aquellos con quienes te fatigaste, los que traficaron contigo desde tu juventud; cada uno irá por su camino, no habrá quien te salve. "

Isaías 61:8-11

"Porque yo Jehová soy amante del derecho, aborrecedor del latrocinio para holocausto; por tanto, afirmaré en verdad su obra, y haré con ellos pacto perpetuo. Y la descendencia de ellos será conocida entre las naciones, y sus renuevos en medio de los pueblos; todos los que los vieren, reconocerán que son linaje bendito de Jehová. En gran manera me gozaré en Jehová, mi alma se alegrará en mi Dios; porque me vistió con vestiduras de salvación, me rodeó de manto de justicia, como a novio me atavió, y como a novia adornada con sus joyas. Porque como la tierra produce su renuevo, y como el huerto hace brotar su semilla, así Jehová el Señor hará brotar justicia y alabanza delante de todas las naciones. "

Jeremías 1:13-16

"Vino a mí la palabra de Jehová por segunda vez, diciendo: ¿Qué ves tú? Y dije: Veo una olla que hierve; y su faz está hacia el norte. Me dijo Jehová: Del norte se soltará el mal sobre todos los moradores de esta tierra. Porque he aquí que yo convoco a todas las familias de los reinos del norte, dice

Jehová; y vendrán, y pondrá cada uno su campamento a la entrada de las puertas de Jerusalén, y junto a todos sus muros en derredor, y contra todas las ciudades de Judá. Y a causa de toda su maldad, proferiré mis juicios contra los que me dejaron, e incensaron a dioses extraños, y la obra de sus manos adoraron. "

Jeremías 4:19-29

"¡Mis entrañas, mis entrañas! Me duelen las fibras de mi corazón; mi corazón se agita dentro de mí; no callaré; porque sonido de trompeta has oído, oh alma mía, pregón de guerra. Quebrantamiento sobre quebrantamiento es anunciado; porque toda la tierra es destruida; de repente son destruidas mis tiendas, en un momento mis cortinas. ¿Hasta cuándo he de ver bandera, he de oír sonido de trompeta? Porque mi pueblo es necio, no me conocieron; son hijos ignorantes y no son entendidos; sabios para hacer el mal, pero hacer el bien no supieron. Miré a la tierra, y he aquí que estaba asolada y vacía; y a los cielos, y no había en ellos luz. Miré a los montes, y he aquí que temblaban, y todos los collados fueron destruidos. Miré, y no había hombre, y todas las aves del cielo se habían ido. Miré, y he aquí el campo fértil era un desierto, y todas sus ciudades eran asoladas delante de Jehová, delante del ardor de su ira. Porque así dijo Jehová: Toda la tierra será asolada; pero no la destruiré del todo. Por esto se enlutará la tierra, y los cielos arriba se oscurecerán, porque hablé, lo pensé, y no me arrepentí, ni desistiré de ello. Al estruendo de la gente de a caballo y de los flecheros huyó toda la ciudad; entraron en las espesuras de los bosques, y subieron a los peñascos; todas las ciudades fueron abandonadas, y no quedó en ellas morador alguno. "

Jeremías 6:19-25

"Oye, tierra: He aquí yo traigo mal sobre este pueblo, el fruto de sus pensamientos; porque no escucharon mis palabras, y aborrecieron mi ley. ¿Para qué a mí este incienso de Sabá, y la buena caña olorosa de tierra lejana? Vuestros holocaustos no son aceptables, ni vuestros sacrificios me agradan. Por tanto, Jehová dice esto: He aquí yo pongo a este pueblo tropiezos, y caerán en ellos los padres y los hijos juntamente; el vecino y su compañero perecerán. Así ha dicho Jehová: He aquí que viene pueblo de la tierra del norte, y una nación grande se levantará de los confines de la tierra. Arco y jabalina empuñarán; crueles son, y no tendrán misericordia; su estruendo brama como el mar, y montarán a caballo como hombres dispuestos para la guerra, contra ti, oh hija de Sion. Su fama oímos, y nuestras manos se descoyuntaron; se apoderó de nosotros angustia, dolor como de mujer que está de parto. No salgas al campo, ni andes por el camino; porque espada de enemigo y temor hay por todas partes. Pero así como los Oráculos, hay profetas del pueblo de Israel que decían profecías que no eran de Dios, y al confirmar que eran falsas profecías pagaban con la vida. "

Jeremías 12:15-16

"Y después que los haya arrancado, volveré y tendré misericordia de ellos, y los haré volver cada uno a su heredad y cada cual a su tierra. Y si cuidadosamente aprendieren los caminos de mi pueblo, para jurar en mi nombre, diciendo: Vive Jehová, así como enseñaron a mi pueblo a jurar por Baal, ellos serán prosperados en medio de mi pueblo. Sino: Vive Jehová, que hizo subir a los hijos de Israel de la tierra del norte, y de todas las tierras adonde los había arrojado; y los volveré a su tierra, la cual di a sus padres. "

Jeremías 14:14

"Me dijo entonces Jehová: Falsamente profetizan los profetas en mi nombre; no los envié, ni les mandé, ni les hablé; visión mentirosa, adivinación, vanidad y engaño de su corazón os profetizan. "

Jeremías 23:11

"Porque tanto el profeta como el sacerdote son impíos; aun en mi casa hallé su maldad, dice Jehová. "

Jeremías 23:23-24

"¿Soy yo Dios de cerca solamente, dice Jehová, y no Dios desde muy lejos?¿Se ocultará alguno, dice Jehová, en escondrijos que yo no lo vea? ¿No lleno yo, dice Jehová, el cielo y la tierra?"

Jeremías 27:14

"No oigáis las palabras de los profetas que os hablan diciendo: No serviréis al rey de Babilonia; porque os profetizan mentira. "

Jeremías 30:1-24

"Palabra de Jehová que vino a Jeremías, diciendo: Así habló Jehová Dios de Israel, diciendo: Escríbete en un libro todas las palabras que te he hablado. Porque he aquí que vienen días, dice Jehová, en que haré volver a los cautivos de mi pueblo Israel y Judá, ha dicho Jehová, y los traeré a la tierra que di a sus padres, y la disfrutarán. Estas, pues, son las palabras que habló Jehová acerca de Israel y de Judá. Porque así ha dicho Jehová: Hemos oído voz de temblor; de espanto, y no de paz. Inquirid ahora, y mirad si el varón da a luz; porque he visto que todo hombre tenía las manos sobre sus lomos, como mujer que está de parto, y se han vuelto pálidos todos los rostros. ¡Ah, cuán grande es aquel día! tanto, que no hay otro semejante a él; tiempo de angustia para Jacob; pero de ella será librado. En aquel día, dice Jehová de los ejércitos, yo quebraré su yugo de tu cuello, y romperé tus coyundas, y extranjeros no lo volverán más a poner en servidumbre, Sino que servirán a Jehová su Dios y a David su rey, a quien yo les levantaré. Tú, pues, siervo mío Jacob, no temas, dice Jehová, ni te atemorices, Israel; porque he aquí que yo soy el que te salvo de lejos a ti y a tu descendencia de la tierra de cautividad; y Jacob volverá, descansará y vivirá tranquilo, y no habrá quien le espante. Porque yo estoy contigo para salvarte, dice Jehová, y destruiré a todas las naciones entre las cuales te esparcí; pero a ti no te destruiré, sino que te castigaré con justicia; de ninguna manera te dejaré sin castigo.

Porque así ha dicho Jehová: Incurable es tu quebrantamiento, y dolorosa tu llaga. No hay quien juzgue tu causa para sanarte; no hay para ti medicamentos eficaces. Todos tus enamorados te olvidaron; no te buscan; porque como hiere un enemigo te herí, con azote de adversario cruel, a causa de la magnitud de tu maldad y de la multitud de tus pecados. ¿Por qué gritas a causa de tu quebrantamiento? Incurable es tu dolor, porque por la grandeza de tu iniquidad y por tus muchos pecados te he hecho esto. Pero serán consumidos todos los que te consumen; y todos tus adversarios, todos irán en cautiverio; hollados serán los que te hollaron, y a todos los que hicieron presa de ti daré en presa. Mas yo haré venir sanidad para ti, y sanaré tus heridas, dice Jehová; porque desechada te llamaron, diciendo: Esta es Sion, de la que nadie se acuerda. Así ha dicho Jehová: He aquí yo hago volver los cautivos de las tiendas de Jacob, y de sus tiendas tendré misericordia, y la ciudad será edificada sobre su colina, y el templo será asentado según su forma. Y saldrá de ellos acción de gracias, y voz de nación que está en regocijo, y los multiplicaré, y no serán disminuidos; los multiplicaré, y no serán menoscabados. Y serán sus hijos como antes, y su congregación delante de mí será confirmada; y castigaré a todos sus opresores. De ella saldrá su príncipe, y de en medio de ella saldrá su señoreador; y le haré llegar cerca, y él se acercará a mí; porque ¿quién es aquel que se atreve a acercarse a mí? dice Jehová. Y me seréis por pueblo, y yo seré vuestro Dios. He aquí, la tempestad de Jehová sale con furor; la tempestad que se prepara, sobre la cabeza de los impíos reposará. No se calmará el ardor de la ira de Jehová, hasta que haya hecho y cumplido los pensamientos de su corazón; en el fin de los días entenderéis esto. "

Jeremías 32:37-44

"He aquí que yo los reuniré de todas las tierras a las cuales los eché con mi furor, y con mi enojo e indignación grande; y los haré volver a este lugar, y los haré habitar seguramente; Y me serán por pueblo, y yo seré a ellos por Dios. Y les daré un corazón, y un camino, para que me teman

perpetuamente, para que tengan bien ellos, y sus hijos después de ellos. Y haré con ellos pacto eterno, que no me volveré atrás de hacerles bien, y pondré mi temor en el corazón de ellos, para que no se aparten de mí. Y me alegraré con ellos haciéndoles bien, y los plantaré en esta tierra en verdad, de todo mi corazón y de toda mi alma. Porque así ha dicho Jehová: Como traje sobre este pueblo todo este gran mal, así traeré sobre ellos todo el bien que acerca de ellos hablo. Y poseerán heredad en esta tierra de la cual vosotros decís: Está desierta, sin hombres y sin animales, es entregada en manos de los caldeos. Heredades comprarán por dinero, y harán escritura y la sellarán y pondrán testigos, en tierra de Benjamín y en los contornos de Jerusalén, y en las ciudades de Judá; y en las ciudades de las montañas, y en las ciudades de la Sefela, y en las ciudades del Neguev; porque yo haré regresar sus cautivos, dice Jehová. "

Jeremías 23:2-5

"Por tanto, así ha dicho Jehová Dios de Israel a los pastores que apacientan mi pueblo: Vosotros dispersasteis mis ovejas, y las espantasteis, y no las habéis cuidado. He aquí que yo castigo la maldad de vuestras obras, dice Jehová. Y yo mismo recogeré el remanente de mis ovejas de todas las tierras adonde las eché, y las haré volver a sus moradas; y crecerán y se multiplicarán. Y pondré sobre ellas pastores que las apacienten; y no temerán más, ni se amedrentarán, ni serán menoscabadas, dice Jehová. He aquí que vienen días, dice Jehová, en que levantaré a David renuevo justo, y reinará como Rey, el cual será dichoso, y hará juicio y justicia en la tierra. "

Jeremías 25:11-17

"Toda esta tierra será puesta en ruinas y en espanto; y servirán estas naciones al rey de Babilonia setenta años. Y cuando sean cumplidos los setenta años, castigaré al rey de Babilonia ya aquella nación por su maldad, ha dicho Jehová, y a la tierra de los caldeos; y la convertiré en desiertos para siempre. Y traeré sobre aquella tierra todas mis palabras que he hablado contra ella, con todo lo que está escrito en este libro, profetizado por Jeremías contra todas las naciones. Porque también ellas serán sojuzgadas por muchas naciones y grandes reyes; y yo les pagaré conforme a sus hechos, y conforme a la obra de sus manos. Porque así me dijo Jehová Dios de Israel: Toma de mi mano la copa del vino de este furor, y da a beber de él a todas las naciones a las cuales yo te envío. Y beberán, y temblarán y enloquecerán, a causa de la espada que yo envío entre ellas. Y tomé la copa de la mano de Jehová, y di de beber a todas las naciones, a las cuales me envió Jehová. "

Jeremías 25:32-38

"Así ha dicho Jehová de los ejércitos: He aquí que el mal irá de nación en nación, y grande tempestad se levantará de los fines de la tierra. Y yacerán los muertos de Jehová en aquel día desde un extremo de la tierra hasta el otro; no se endecharán ni se recogerán ni serán enterrados; como estiércol quedarán sobre la faz de la tierra. Aullad, pastores, y clamad; revolcaos en el polvo, mayorales del rebaño; porque cumplidos son vuestros días para que seáis degollados y esparcidos, y caeréis como vaso precioso. Y se acabará la huida de los pastores, y el escape de los mayorales del rebaño. ¡Voz de la gritería de los pastores, y aullido de los mayorales del rebaño! porque Jehová asoló sus pastos. Y los pastos delicados serán destruidos por el ardor de la ira de Jehová. Dejó cual leoncillo su guarida; pues asolada fue la tierra de ellos por la ira del opresor, y por el furor de su saña. "

Jeremías 46:10

"Mas ese día será para Jehová Dios de los ejércitos día de retribución, para vengarse de sus enemigos; y la espada devorará y se saciará, y se embriagará de la sangre de ellos; porque sacrificio será para Jehová Dios de los ejércitos, en tierra del norte junto al río Éufrates."

Dicen las profecías que ya leímos, que en la tarde vienen sus desgracias; en otra parte dice que empezará en el día y terminará en la noche, o cuando casi anochece, cuando se ve luz como de día. Imaginemos a las naciones congregadas para la batalla en el valle de Meguido y el cielo se enrolla, tal vez se retraen las nubes y se oscurece el cielo por un momento, las estrellas se dejan de ver por la resolana que entra de los meteoros de hielo y fuego que pesan como 35 a 45 kg y que empiezan a caer sobre ellos; dice la Biblia que morirán hombres y bestias, quedarán ciegos y sus rostros quemados, unos a otros se atacarán y, por el Gran Terremoto, son tragados al dividirse la tierra en tres partes en ese lugar; este mismo mal se presenta en los pueblos que los rodean, por eso están sentenciadas las ciudades y sus familias y Babilonia es cubierta por lagunas. Recordemos que el pueblo de Israel es la mujer que está oculta en el desierto y que la profecía dice que cuando vean la Gran Abominación corran al desierto porque viene una Gran Tribulación; por otra parte, dice Dios que no dejará al pueblo Judío sin castigo por su idolatría; algunas profecías, como la del Armagedón o Babilonia, profetizan muchos daños para diferentes pueblos.

Es importante notar que dice que la profecía se cumple en el valle de Armagedón, en el monte Sinaí, y junto al rio Éufrates; aquí se refiere a la venganza contra Babilonia, pero el Éufrates, si ven los mapas, pasa por Gog o Babilonia, y como hace referencia a lugares en otras ciudades, nos hace pensar que el granizo no tocará a Israel. Los falsos profetas, que no dicen que viene mal sobre Babilonia, y los que no son de Dios, dirán sólo profecías que confundirán a los países de la tierra, pero también en la Biblia vemos que algunos profetas que sí eran de Dios, en un momento dado se confunden con sus propias ideas como lo dicen los siguientes pasajes: Zacarías 10 2 y 11, Jeremías 23:9-40, 27:14, 12:15-16; pero las profecías bíblicas que sí se han estado cumpliendo por años, y que estoy presentando aquí, fueron profetizadas por varios profetas bíblicos que coinciden entre sí; por eso les doy las profecías bíblicas que han sido reafirmadas durante años, sobre todo las que hablan de las señales del Fin del Mundo, para que vean por ustedes mismos y tengan un panorama más amplio de lo por venir; uno de los pasajes que más nos ubica es el de Jeremías 4:19-29, porque ya están los pregones de guerra, los quebrantos son anunciados y la tierra empieza a ser destruida.

Jeremías 50:41-46

"He aquí viene un pueblo del norte, y una nación grande y muchos reyes se levantarán de los extremos de la tierra. Arco y lanza manejarán; serán crueles, y no tendrán compasión; su voz rugirá como el mar, y montarán sobre caballos; se prepararán contra ti como hombres a la pelea, oh hija de Babilonia. Oyó la noticia el rey de Babilonia, y sus manos se debilitaron; angustia le tomó, dolor como de mujer de parto. He aquí que como león subirá de la espesura del Jordán a la morada fortificada; porque muy pronto le haré huir de ella, y al que yo escoja la encargaré; porque ¿quién es semejante a mí? ¿Y quién me emplazará? ¿O quién será aquel pastor que podrá resistirme? Por tanto, oíd la determinación que Jehová ha acordado contra Babilonia, y los pensamientos que ha formado contra la tierra de los caldeos: Ciertamente a los más pequeños de su rebaño los arrastrarán, y destruirán sus moradas con ellos. Al grito de la toma de Babilonia la tierra tembló, y el clamor se oyó entre las naciones. "

Jeremías 51:45-58

"Salid de en medio de ella, pueblo mío, y salvad cada uno su vida del ardor de la ira de Jehová. Y no desmaye vuestro corazón, ni temáis a causa del rumor que se oirá por la tierra; en un año vendrá el rumor, y después en otro año rumor, y habrá violencia en la tierra, dominador contra dominador. Por tanto, he aquí vienen días en que yo destruiré los ídolos de Babilonia, y toda su tierra será avergonzada, y todos sus muertos caerán en medio de ella. Los cielos y la tierra y todo lo que está en ellos cantarán de gozo sobre Babilonia; porque del norte vendrán contra ella destruidores, dice Jehová.

Por los muertos de Israel caerá Babilonia, como por Babilonia cayeron los muertos de toda la tierra. Los que escapasteis de la espada, andad, no os detengáis; acordaos por muchos días de Jehová, y acordaos de Jerusalén. Estamos avergonzados, porque oímos la afrenta; la confusión cubrió nuestros rostros, porque vinieron extranjeros contra los santuarios de la casa de Jehová. Por tanto, vienen días, dice Jehová, en que yo destruiré sus ídolos, y en toda su tierra gemirán los heridos. Aunque suba Babilonia hasta el cielo, y se fortifique en las alturas, de mí vendrán a ella destruidores, dice Jehová. ¡Oyese el clamor de Babilonia, y el gran quebrantamiento de la tierra de los caldeos! Porque Jehová destruirá a Babilonia, y quitará de ella la mucha jactancia; y bramarán sus olas, y como sonido de muchas aguas será la voz de ellos. Porque vino destruidor contra ella, contra Babilonia, y sus valientes fueron apresados; el arco de ellos fue quebrado; porque Jehová, Dios de retribuciones, dará la paga. Y embriagaré a sus príncipes y a sus sabios, a sus capitanes, a sus nobles y a sus fuertes; y dormirán sueño eterno y no despertarán, dice el Rey, cuyo nombre es Jehová de los ejércitos. Así ha dicho Jehová de los ejércitos: El muro ancho de Babilonia será derribado enteramente, y sus altas puertas serán quemadas a fuego; en vano trabajaron los pueblos, y las naciones se cansaron sólo para el fuego. "

Jeremías 51:61-64

"Y dijo Jeremías a Seraías: Cuando llegues a Babilonia, y veas y leas todas estas cosas, Dirás: Oh Jehová, tú has dicho contra este lugar que lo habías de destruir, hasta no quedar en él morador, ni hombre ni animal, sino que para siempre ha de ser asolado. Y cuando acabes de leer este libro, le atarás una piedra, y lo echarás en medio del Éufrates, Y dirás: Así se hundirá Babilonia, y no se levantará del mal que yo traigo sobre ella; y serán rendidos. Hasta aquí son las palabras de Jeremías. "

Aquí vemos las profecías que dicen que las 10 naciones que son los cuernos de la bestia al verse derrotadas pelearán contra Babilonia que es la ramera,

Apocalipsis 17:3-16; en los versículos que acabamos de ver Babilonia es la mujer que aparece montada en la Bestia, empoderada así sobre las 10 naciones para empezar esta guerra, pero las 10 naciones se vuelven en su contra y La derrotan; lo más lógico es que la Bestia (hablando del Anticristo), nazca o radique en Grecia y es posible que sea de origen Judío de la tribu de Dan, y será dirigente y partícipe de todas las desgracias que hay para Babilonia. En las profecías vemos que Cuando nuestro Señor Jesucristo venga terminará con todos los ejércitos de las naciones y el Anticristo o la Bestia, el Falso Profeta, los que aceptaron tener la marca de la Bestia, los que no creyeron en Cristo como su Salvador, la Muerte, el Hades y Satanás, todos serán condenados al castigo eterno en el lago de fuego donde su gusano no muere.

Capítulo 3

LA MUJER Y EL DRAGÓN

Esta es una de las profecías más difíciles. Muchas personas creen que estas profecías parecen hablar de Jesucristo (el hijo de varón que rige a las naciones con vara de hierro).

Apocalipsis 12:5-17
Y ella dio a luz un hijo varón, que regirá con vara de hierro a todas las naciones; y su hijo fue arrebatado para Dios y para su trono.
Y la mujer huyó al desierto, donde tiene lugar preparado por Dios, para que allí la sustenten por mil doscientos sesenta días.
Después hubo una gran batalla en el cielo: Miguel y sus ángeles luchaban contra el dragón; y luchaban el dragón y sus ángeles;
pero no prevalecieron, ni se halló ya lugar para ellos en el cielo.
Y fue lanzado fuera el gran dragón, la serpiente antigua, que se llama diablo y Satanás, el cual engaña al mundo entero; fue arrojado a la tierra, y sus ángeles fueron arrojados con él.
Entonces oí una gran voz en el cielo, que decía: Ahora ha venido la salvación, el poder, y el reino de nuestro Dios, y la autoridad de su Cristo; porque ha sido lanzado fuera el acusador de nuestros hermanos, el que los acusaba delante de nuestro Dios día y noche.
Y ellos le han vencido por medio de la sangre del Cordero y de la palabra del testimonio de ellos, y menospreciaron sus vidas hasta la muerte.
Por lo cual alegraos, cielos, y los que moráis en ellos. ¡Ay de los moradores de la tierra y del mar! porque el diablo ha descendido a vosotros con gran ira, sabiendo que tiene poco tiempo.
Y cuando vio el dragón que había sido arrojado a la tierra, persiguió a la mujer que había dado a luz al hijo varón.

Y se le dieron a la mujer las dos alas de la gran águila, para que volase de delante de la serpiente al desierto, a su lugar, donde es sustentada por un tiempo, y tiempos, y la mitad de un tiempo.

Y la serpiente arrojó de su boca, tras la mujer, agua como un río, para que fuese arrastrada por el río.

Pero la tierra ayudó a la mujer, pues la tierra abrió su boca y tragó el río que el dragón había echado de su boca.

Entonces el dragón se llenó de ira contra la mujer; y se fue a hacer guerra contra el resto de la descendencia de ella, los que guardan los mandamientos de Dios y tienen el testimonio de Jesucristo.

No estoy de acuerdo en pensar que se trata de Cristo ya que esta profecía fue dada en el año 96 después de Cristo y el mismo Cristo le dice a Juan que estas profecías son hechos que han de venir y no que ya pasaron; la persecución de Israel coincide con los tiempos de la última semana de Daniel 9 (esta última semana de 7 años está dividida en dos periodos de tres años y medio cada uno, 7 años de tribulación y al final 45 días de gran tribulación). Cuando habla de la Mujer que dio a luz se refiere a la nación de los judíos, así como Babilonia es la Ramera según Apocalipsis 17:5.

Muchos piensan que estando la mujer encinta puede estar esperando al Mesías, a Cristo y, como fue arrebatado a la presencia de Dios, piensan que se refiere a la ascensión de Cristo como lo describe Marcos 16:19. Para los que creen que no hay otra interpretación, recordemos que cuando la profecía habla de la mujer, se refiere a todo el pueblo judío y que, en ocasiones, cuando se habla del hijo o los hijos de una nación se refiere a un grupo de sus ciudadanos, así que cuando habla del hijo que fue arrebatado para Dios se refiere a los 144, 000 que fueron redimidos (justificados o comprados, Apocalipsis 14:3, como lo seremos nosotros también según Lucas 21:27-28), y que pudieron ser tomados y llevados al cielo de entre los hombres de la tierra como primicias para Dios y para el Cordero, como vemos que se hizo con Enoc en Hebreos 11:5, que por su fe y por agradar a Dios fue traspuesto (llevado al cielo) para no ver la muerte. Cuando Cristo pone su pie en el monte de Sion en su venida, los 144, 000 ya están con él (Apocalipsis 14:1).

Lucas 21:27-28
Entonces verán al Hijo del Hombre, que vendrá en una nube con poder y gran gloria.
Cuando estas cosas comiencen a suceder, erguíos y levantad vuestra cabeza, porque vuestra redención está cerca.

Apocalipsis 12:1-4
"Apareció en el cielo una gran señal: una mujer vestida del sol, con la luna debajo de sus pies, y sobre su cabeza una corona de doce estrellas. Y estando encinta, clamaba con dolores de parto, en la angustia del alumbramiento. También apareció otra señal en el cielo: he aquí un gran dragón escarlata, que tenía siete cabezas y diez cuernos, y en sus cabezas siete diademas; y su cola arrastraba la tercera parte de las estrellas del cielo, y las arrojó sobre la tierra. Y el dragón se paró frente a la mujer que estaba para dar a luz, a fin de devorar a su hijo tan pronto como naciese."

La Mujer vestida de Sol puede interpretarse como la nación que da testimonio de ser el Pueblo de Dios y que trajo la luz al mundo; la luna debajo de sus pies es como si la luna fuera el estrado de los pies de los Judíos, y vemos en el mapa que la zona que delimita la Babilonia Antigua, también forma una luna en cuarto menguante; sobre su cabeza tiene una corona de 12 Estrellas que pueden ser las doce tribus de Israel o los Ángeles de cada tribu; el hijo que el dragón quiere devorar son los 144 mil arrebatado para Dios y su trono como comentamos ya anteriormente.

La mujer clama con Dolores de Parto en el alumbramiento; estos Dolores de Parto, según las profecías de Mateo 24:7-8, Marcos 13:8 y Lucas 21:9, son los principios de dolores, falsos cristos, la falsa paz, guerras y rumores de guerras, pestes, hambres, terremotos, y estas señales se parecen a los 4 jinetes de Apocalipsis 6 que ya vimos en el capítulo anterior: el jinete blanco, montado por el que trae una falsa paz e imita a Cristo con un arco que representa el poder, la corona de Satanás y que salió venciendo y para vencer martirizando a los cristianos y al pueblo Judío (empezando con la marca de la bestia para poder comprar); el caballo bermejo o café rojizo, montado por el que recibió la espada para poder quitar la paz de la tierra y hacer que se matasen unos a otros; el caballo negro, montado por el que tiene una balanza y puede dañar la economía y traer hambre por las mismas guerras; el caballo amarillo, montado por la Muerte y que va seguido del Hades y que mata con su espada, con hambre, mortandad y con las fieras de la tierra.

Se menciona también al Gran Dragón Escarlata que es Satanás o La Serpiente Antigua. El color escarlata representa Religiosidad o Reinado; las 7 cabezas, 10 cuernos, 7 diademas, en otras profecías se las menciona como 7 Naciones Y 10 Reyes; la tercera parte de las estrellas que arroja con su cola a la Tierra representan a los ángeles caídos o demonios que en el pasado los arrastró también, pero en esta ocasión los usa para sus planes; o puede ser otra opción, como dice la profecía de Daniel 9:26-27, que hay una pelea en el cielo y vence Satanás dando muerte al Mesías Príncipe (El Ángel Miguel?); el hijo al que pretende devorar tan pronto como nazca, no puede ser Cristo, como ya lo comentamos, porque está hablando del principio de los 7 últimos años, más bien pueden ser los 144, 000 o parte del pueblo judío ya que el hijo es arrebatado por Dios porque el dragón quería devorar al hijo.

La mujer huye y se le da sustento por 1260 días (apocalipsis 12:6), que es la primera mitad de los 7 años y de la tribulación, después viene la batalla de

Satanás contra el Ángel Miguel y sus ángeles y Satanás y ángeles sus no prevalecieron, ya que fue arrojado del cielo Satanás y arrastró algunos ángeles con él (apocalipsis 12:7-9), la tercera parte de estrellas arrojadas sobre la tierra podrían ser ángeles caídos, pero yo creo que son los ángeles que mueren en esta batalla.

Cuando la biblia hace referencia a los hermanos, obviamente, no estamos hablando de ángeles porque Satanás no es el acusador de Los Ángeles, sino el acusador de los santos, tampoco pueden vencer los ángeles a Satanás por la sangre del cordero, lo que nos hace pensar que son aquellos a los que en otros pasajes de la Biblia, se hace referencia como los que padecieron por la palabra de Dios.

Estos hermanos que están en el cielo le vencieron Satanás por medio de la Sangre de Cristo, por lo que no creo que sea la misma referencia del Mesías Príncipe (Daniel 9:25-27) y la de Cristo el Mesías (Juan 4:25) y Príncipe de los Príncipes (Daniel 8:25).

Satanás sabiendo que le queda poco tiempo, persigue a los moradores de la tierra y mar, Persigue a La Mujer a quien se le dan alas para ocultarse fuera en el desierto por 3 años y medio de Tribulación, Las aguas que arroja la Serpiente contra la mujer son ejércitos y la Tierra los traga. Esto nunca pasó con los judíos, lo que define que la profecía trata del tiempo futuro. El Dragón se llena de ira contra la Mujer y el resto de la descendencia de ella, estos son los que guardan los mandamientos de Dios y tienen el testimonio de Jesucristo, se refiere a los cristianos, ya que los Judíos no reconocen el testimonio de Jesucristo reafirmando el hecho de esta profecía no habla del pasado, sino del futuro.

También Isaías 2:2-4, Miqueas 4:3, Abdías 1:15-21 y Apocalipsis 20:4-6 dicen que de Judá y de Jerusalén saldrá la palabra de Dios y Dios juzgará a las naciones y los escogidos para juzgar que son los mismos que fueron muertos por el evangelio o la palabra de Dios, se sentarán en los tronos de las naciones a las que se les dio facultad de juzgar.

Daniel 8:10

"Y se engrandeció hasta el ejército del cielo; y parte del ejército y de las estrellas echó por tierra, y las pisoteó."

Isaías 66:6-11

"Voz de alboroto de la ciudad, voz del templo, voz de Jehová que da el pago a sus enemigos. Antes que estuviese de parto, dio a luz; antes que le viniesen dolores, dio a luz hijo. ¿Quién oyó cosa semejante? ¿quién vio tal cosa? ¿Concebirá la tierra en un día? ¿Nacerá una nación de una vez? Pues en cuanto Sion estuvo de parto, dio a luz sus hijos. Yo que hago dar a luz, ¿no haré nacer? dijo Jehová. Yo que hago engendrar, ¿impediré el nacimiento? dice tu Dios. Alegraos con Jerusalén, y gozaos con ella, todos los que la amáis; llenaos con ella de gozo, todos los que os enlutáis por ella; para que maméis y os saciéis de los pechos de sus consolaciones; para que bebáis, y os deleitéis con el resplandor de su gloria. "

Salmos 2:9

"Los quebrantarás con vara de hierro; Como vasija de alfarero los desmenuzarás."

Daniel 10:13

"Mas el príncipe del reino de Persia se me opuso durante veintiún días; pero he aquí Miguel, uno de los principales príncipes, vino para ayudarme, y quedé allí con los reyes de Persia."

Daniel 10:21

"Pero yo te declararé lo que está escrito en el libro de la verdad; y ninguno me ayuda contra ellos, sino Miguel vuestro príncipe."

Daniel 12:1
"En aquel tiempo se levantará Miguel, el gran príncipe que está de parte de los hijos de tu pueblo; y será tiempo de angustia, cual nunca fue desde que hubo gente hasta entonces; pero en aquel tiempo será libertado tu pueblo, todos los que se hallen escritos en el libro."

Apocalipsis 12:7-17
"Después hubo una gran batalla en el cielo: Miguel y sus ángeles luchaban contra el dragón; y luchaban el dragón y sus ángeles; pero no prevalecieron, ni se halló ya lugar para ellos en el cielo. Y fue lanzado fuera el gran dragón, la serpiente antigua, que se llama diablo y Satanás, el cual engaña al mundo entero; fue arrojado a la tierra, y sus ángeles fueron arrojados con él. Entonces oí una gran voz en el cielo, que decía: Ahora ha venido la salvación, el poder, y el reino de nuestro Dios, y la autoridad de su Cristo; porque ha sido lanzado fuera el acusador de nuestros hermanos, el que los acusaba delante de nuestro Dios día y noche. Y ellos le han vencido por medio de la sangre del Cordero y de la palabra del testimonio de ellos, y menospreciaron sus vidas hasta la muerte. Por lo cual alegraos, cielos, y los que moráis en ellos. ¡Ay de los moradores de la tierra y del mar! porque el diablo ha descendido a vosotros con gran ira, sabiendo que tiene poco tiempo. Y cuando vio el dragón que había sido arrojado a la tierra, persiguió a la mujer que había dado a luz al hijo varón. Y se le dieron a la mujer las dos alas de la gran águila, para que volase de delante de la serpiente al desierto, a su lugar, donde es sustentada por un tiempo, y tiempos, y la mitad de un tiempo. Y la serpiente arrojó de su boca, tras la mujer, agua como un río, para que fuese arrastrada por el río. Pero la tierra ayudó a la mujer, pues la tierra abrió su boca y tragó el río que el dragón había echado de su boca. Entonces el dragón se llenó de ira contra la mujer; y se fue a hacer guerra

contra el resto de la descendencia de ella, los que guardan los mandamientos de Dios y tienen el testimonio de Jesucristo."

Lucas 10:18
"Y les dijo: Yo veía a Satanás caer del cielo como un rayo."

Zacarías 3:1
"Me mostró al sumo sacerdote Josué, el cual estaba delante del ángel de Jehová, y Satanás estaba a su mano derecha para acusarle."

Daniel 7:25
"Y hablará palabras contra el Altísimo, y a los santos del Altísimo quebrantará, y pensará en cambiar los tiempos y la ley; y serán entregados en su mano hasta tiempo, y tiempos, y medio tiempo."

Daniel 12:7
"Y oí al varón vestido de lino, que estaba sobre las aguas del río, el cual alzó su diestra y su siniestra al cielo, y juró por el que vive por los siglos, que será por tiempo, tiempos, y la mitad de un tiempo. Y cuando se acabe la dispersión del poder del pueblo santo, todas estas cosas serán cumplidas."

LOS 144 MIL SELLADOS DE ISRAEL

Estos 144 mil, son los Redimidos, "El Hijo", los justificados y posiblemente los primeros que son arrebatados, recordemos que ya lo dijimos los hijos de una nación son considerados como la persona o grupo de personas originarios de un país, y estos 144, 000 pueden ser el hijo que se menciona en Apocalipsis 12 en la profecía de la Mujer y el Dragón. El grupo de los 144 mil seria el hijo, como dice Isaías 66 el hijo pueden ser los Judíos qué 1948 fueron declarados una nación libre e independiente por la Organización de las Naciones Unidas en un solo día, están en Jerusalén y fueron llamados para habitar su país. Los detalles ya los explicamos y se entienden las dos teorías por sí solas en la profecía.

Zacarías 6:5

"Y el ángel me respondió y me dijo: Estos son los cuatro vientos de los cielos, que salen después de presentarse delante del Señor de toda la tierra."

Ezequiel 9:4

"Y le dijo Jehová: Pasa por en medio de la ciudad, por en medio de Jerusalén, y ponles una señal en la frente a los hombres que gimen y que claman a causa de todas las abominaciones que se hacen en medio de ella. Este es el ángel que saca el incensario y lo arroja a la tierra, los siervos que son sellados en sus frentes los detallan en cada tribu, y estos son los que esperan a ser sellados los siervos de Dios.

Apocalipsis 7:1-17

"Después de esto vi a cuatro ángeles en pie sobre los cuatro puntos cardinales de la tierra, que detenían los cuatro vientos de la tierra, para que no soplase viento alguno sobre la tierra, ni sobre el mar, ni sobre ningún árbol. Vi también a otro ángel que subía de donde sale el sol, y tenía el sello del Dios vivo; y clamó a gran voz a los cuatro ángeles, a quienes se les había dado el poder de hacer daño a la tierra y al mar, Diciendo: No hagáis daño a la tierra, ni al mar, ni a los árboles, hasta que hayamos sellado en sus frentes a los siervos de nuestro Dios. Y oí el número de los sellados: ciento cuarenta y cuatro mil sellados de todas las tribus de los hijos de Israel. De la tribu de Judá, doce mil sellados. De la tribu de Rubén, doce mil sellados. De la tribu de Gad, doce mil sellados. De la tribu de Asar, doce mil sellados. De la tribu de Neftalí, doce mil sellados. De la tribu de Manasés, doce mil sellados. De la tribu de Simeón, doce mil sellados. De la tribu de Leví, doce mil sellados. De la tribu de Isacar, doce mil sellados. De la tribu de Zabulón, doce mil

sellados. De la tribu de José, doce mil sellados. De la tribu de Benjamín, doce mil sellados. Después de esto miré, y he aquí una gran multitud, la cual nadie podía contar, de todas naciones y tribus y pueblos y lenguas, que estaban delante del trono y en la presencia del Cordero, vestidos de ropas blancas, y con palmas en las manos; y clamaban a gran voz, diciendo: La salvación pertenece a nuestro Dios que está sentado en el trono, y al Cordero. Y todos los ángeles estaban en pie alrededor del trono, y de los ancianos y de los cuatro seres vivientes; y se postraron sobre sus rostros delante del trono, y adoraron a Dios, Diciendo: Amén. La bendición y la gloria y la sabiduría y la acción de gracias y la honra y el poder y la fortaleza, sean a nuestro Dios por los siglos de los siglos. Amén. Entonces uno de los ancianos habló, diciéndome: Estos que están vestidos de ropas blancas, ¿quiénes son, y de dónde han venido? Yo le dije: Señor, tú lo sabes. Y él me dijo: Estos son los que han salido de la gran tribulación, y han lavado sus ropas, y las han emblanquecido en la sangre del Cordero. Por esto están delante del trono de Dios, y le sirven día y noche en su templo; y el que está sentado sobre el trono extenderá su tabernáculo sobre ellos. Ya no tendrán hambre ni sed, y el sol no caerá más sobre ellos, ni calor alguno; porque el Cordero que está en medio del trono los pastoreará, y los guiará a fuentes de aguas de vida; y Dios enjugará toda lágrima de los ojos de ellos."

Daniel 12:1

"En aquel tiempo se levantará Miguel, el gran príncipe que está de parte de los hijos de tu pueblo; y será tiempo de angustia, cual nunca fue desde que hubo gente hasta entonces; pero en aquel tiempo será libertado tu pueblo, todos los que se hallen escritos en el libro."

Mateo 24:21

"porque habrá entonces gran tribulación, cual no la ha habido desde el principio del mundo hasta ahora, ni la habrá."

Marcos 13:19

"porque aquellos días serán de tribulación cual nunca ha habido desde el principio de la creación que Dios creó, hasta este tiempo, ni la habrá."

EL CORDERO Y LOS 144 MIL SELLADOS

Apocalipsis 14:1-7

"Después miré, y he aquí el Cordero estaba en pie sobre el monte de Sion, y con él ciento cuarenta y cuatro mil, que tenían el nombre de él y el de su Padre escrito en la frente. Y oí una voz del cielo como estruendo de muchas aguas, y como sonido de un gran trueno; y la voz que oí era como de arpistas que tocaban sus arpas. Y cantaban un cántico nuevo delante del trono, y delante de los cuatro seres vivientes, y de los ancianos; y nadie podía aprender el cántico sino aquellos ciento cuarenta y cuatro mil que fueron redimidos de entre los de la tierra. Estos son los que no se contaminaron con mujeres, pues son vírgenes. Estos son los que siguen al Cordero por dondequiera que va. Estos fueron redimidos de entre los hombres como primicias para Dios y para el Cordero; y en sus bocas no fue hallada mentira, pues son sin mancha delante del trono de Dios. Vi volar por en medio del cielo a otro ángel, que tenía el evangelio eterno para predicarlo a los moradores de la tierra, a toda nación, tribu, lengua y pueblo, diciendo a gran voz: Temed a Dios, y dadle gloria, porque la hora de su juicio ha llegado; y adorad a aquel que hizo el cielo y la tierra, el mar y las fuentes de las aguas."

Romanos 11:25-27

"Israel de corazón de piedra y carne y hasta que entren la plenitud de los gentiles y luego todo Israel será salvo."

Isaías 21:9

"Y he aquí vienen hombres montados, jinetes de dos en dos. Después habló y dijo: Cayó, cayó Babilonia; y todos los ídolos de sus dioses quebrantó en tierra. "

Apocalipsis 18:2
"Y clamó con voz potente, diciendo: Ha caído, ha caído la gran Babilonia, y se ha hecho habitación de demonios y guarida de todo espíritu inmundo, y albergue de toda ave inmunda y aborrecible."

Isaías 51:17
"Despierta, despierta, levántate, oh Jerusalén, que bebiste de la mano de Jehová el cáliz de su ira; porque el cáliz de aturdimiento bebiste hasta los sedimentos."

Génesis 19:24
"Entonces Jehová hizo llover sobre Sodoma y sobre Gomorra azufre y fuego de parte de Jehová desde los cielos;"

Isaías 34:10
"No se apagará de noche ni de día, perpetuamente subirá su humo; de generación en generación será asolada, nunca jamás pasará nadie por ella"

Apocalipsis 14:8-10
Otro ángel le siguió, diciendo: Ha caído, ha caído Babilonia, la gran ciudad, porque ha hecho beber a todas las naciones del vino del furor de su fornicación. Y el tercer ángel los siguió, diciendo a gran voz: Si alguno adora a la bestia y a su imagen, y recibe la marca en su frente o en su mano, él también beberá del vino de la ira de Dios, que ha sido vaciado puro en el cáliz de su ira; y será atormentado con fuego y azufre delante de los santos ángeles y del Cordero;"

¿Cómo se interpreta el Furor de su Fornicación? Como la ira de Dios por la idolatría. Ya hemos comentado que Dios aborrece los ídolos o las imágenes, aun cuando estas imágenes lo traten de representar a Él; hay varios pasajes que dejan ver que Dios considera a los ídolos como palos, piedras, etc., cubiertas de oro o joyas pero que no tienen vida. Los hombres hacen la figura con sus manos y después le piden que les haga "un milagrito". Dios ordena en el primer mandamiento que eso no se haga (Éxodo 20:2-6); los judíos lo sabían y aún así adoraban dioses de otras tribus, hechos por sus manos, con figuras de hombre y dándole, en ocasiones, el nombre de Jehová (YHWH).

Apocalipsis 14:11-13

"Y el humo de su tormento sube por los siglos de los siglos. Y no tienen reposo de día ni de noche los que adoran a la bestia y a su imagen, ni nadie que reciba la marca de su nombre. Aquí está la paciencia de los santos, los que guardan los mandamientos de Dios y la fe de Jesús. Oí una voz que desde el cielo me decía: Escribe: Bienaventurados de aquí en adelante los muertos que mueren en el Señor. Sí, dice el Espíritu, descansarán de sus trabajos, porque sus obras con ellos siguen."

Estos versículos que veremos a continuación confirman, junto con otras profecías, porque estamos hablando de que cada semana es de siete años. En las citas de Daniel 9:27 y 12:11 dice que a partir de que es quitado el Continuo Sacrificio hasta la Gran Abominación Desoladora están determinados 1290 días o sea 3 años y medio y dice Daniel que esto sucede a la mitad de la última semana, esto confirma que cada semana dura 7 años, la última semana se aumenta a las 69 semanas para completar las 70 semanas que estaban determinadas para Israel. En esta última semana se confirma el Pacto Santo. en la 1ª mitad se practica el Continua el Sacrificio (3.5 años), en la 2ª mitad se quita el Continuo Sacrificio y la Ofrenda en el templo y pasan 1290 días hasta la Gran Abominación, bienaventurado el que espere y llegue a 1335 días (Daniel 12:11-12).

Se edificará la Plaza y el Muro del Templo en Días Angustiosos en las 62 Semanas Normales en que muere el Mesías Príncipe; al terminar El Templo se iniciara la ofrenda y el Continuo Sacrificio; a la mitad de la semana 70 serán interrumpidos por el Desolador (La Bestia) con sus abominaciones y devastaciones la ofrenda y el Continuo Sacrificio por 1290 días y después viene al final de ese lapso de tiempo la Gran Abominación hasta que sea su fin, más como dice la profecía no pasara una generación antes que todo eso suceda. La Gran Tribulación se cree que comienza después de tres años y medio, a partir de que se quita el continuo sacrificio y podría durar sólo los últimos meses o 45 días y la ciudad y el templo ya habrán sido tomados, y la tribulación será tan grande que dice la Biblia que los días serán acortados porque si no, nadie seria salvo, Dando final a los segundos 3.5 años en que viene el Príncipe de Príncipes, Jesucristo (Daniel 12:11-13). Éste sólo es un cálculo aproximado para usarlo de ejemplo. Actualmente se están firmando pactos entre Israel y los musulmanes para reedificar Israel, esto podría situarnos en el comienzo de estos cálculos, pero si en estos años empiezan a edificar el Templo en Jerusalén, estaríamos empezando los últimos días antes del Continuo Sacrificio, de la Gran Abominación y luego la Venida de Cristo.

El Mesías Príncipe de Daniel 9:25, creo que es el ángel Miguel y que es el Príncipe que pelea por los Santos, así como el Mesías Príncipe (la referencia a la palabra Mesías se hace en el Antiguo Testamento a alguien elegido para un fin enviado o hijo de Dios, y solo se hace en las dos citas que hablan de este ángel, posteriormente en los pasajes del Nuevo Testamento se usa como referencia a Jesucristo como el Elegido de Dios, para salvarnos de nuestros pecados), y este ángel es vencido (y la Bestia salió venciendo, y para vencer). El Anticristo (o la Bestia) toma la Ciudad y el Templo (o Santuario donde se haga el Continuo Sacrificio) con un gran ejército y la tribulación y la devastación será hasta el tiempo del fin.

Daniel 10:12-13

"Entonces me dijo: Daniel, no temas; porque desde el primer día que dispusiste tu corazón a entender y a humillarte en la presencia de tu Dios, fueron oídas tus palabras; y a causa de tus palabras yo he venido. Mas el príncipe del reino de Persia se me opuso durante veintiún días; pero he aquí Miguel, uno de los principales príncipes, vino para ayudarme, y quedé allí con los reyes de Persia. Él me dijo: ¿Sabes por qué he venido a ti? Pues ahora tengo que volver para pelear contra el príncipe de Persia; y al terminar con él, el príncipe de Grecia vendrá. Pero yo te declararé lo que está escrito en el libro de la verdad; y ninguno me ayuda contra ellos, sino Miguel vuestro príncipe. "

Daniel 12:1-4

"En aquel tiempo se levantará Miguel, el gran príncipe que está de parte de los hijos de tu pueblo; y será tiempo de angustia, cual nunca fue desde que

hubo gente hasta entonces; pero en aquel tiempo será libertado tu pueblo, todos los que se hallen escritos en el libro. Y muchos de los que duermen en el polvo de la tierra serán despertados, unos para vida eterna, y otros para vergüenza y confusión perpetua. Los entendidos resplandecerán como el resplandor del firmamento; y los que enseñan la justicia a la multitud, como las estrellas a perpetua eternidad. Pero tú, Daniel, cierra las palabras y sella el libro hasta el tiempo del fin. Muchos correrán de aquí para allá, y la ciencia se aumentará. "

Apocalipsis 12:7

"Después hubo una gran batalla en el cielo: Miguel y sus ángeles luchaban contra el dragón; y luchaban el dragón y sus ángeles; "

Daniel 11

"Y yo mismo, en el año primero de Darío el Medo, estuve para animarlo y fortalecerlo. Y ahora yo te mostraré la verdad. He aquí que aún habrá tres reyes en Persia, y el cuarto se hará de grandes riquezas más que todos ellos; y al hacerse fuerte con sus riquezas, levantará a todos contra el reino de Grecia. Se levantará luego un rey valiente, el cual dominará con gran poder y hará su voluntad. Pero cuando se haya levantado, su reino será quebrantado y repartido hacia los cuatro vientos del cielo; no a sus descendientes, ni según el dominio con que él dominó; porque su reino será arrancado, y será para otros fuera de ellos. Y se hará fuerte el rey del sur; mas uno de sus príncipes será más fuerte que él, y se hará poderoso; su dominio será grande. Al cabo de años harán alianza, y la hija del rey del sur vendrá al rey del norte para hacer la paz. Pero ella no podrá retener la fuerza de su brazo, ni permanecerá él, ni su brazo; porque será entregada ella y los que la habían traído, asimismo su hijo, y los que estaban de parte de ella en aquel tiempo. Pero un renuevo de sus raíces se levantará sobre su trono, y vendrá con ejército contra el rey del norte, y entrará en la fortaleza, y hará en ellos a su arbitrio, y predominará. Y aun a los dioses de ellos, sus imágenes

fundidas y sus objetos preciosos de plata y de oro, llevará cautivos a Egipto; y por años se mantendrá él contra el rey del norte. Así entrará en el reino el rey del sur, y volverá a su tierra. Mas los hijos de aquél se airarán, y reunirán multitud de grandes ejércitos; y vendrá apresuradamente e inundará, y pasará adelante; luego volverá y llevará la guerra hasta su fortaleza. Por lo cual se enfurecerá el rey del sur, y saldrá y peleará contra el rey del norte; y pondrá en campaña multitud grande, y toda aquella multitud será entregada en su mano. Y al llevarse él la multitud, se elevará su corazón, y derribará a muchos millares; mas no prevalecerá. Y el rey del norte volverá a poner en campaña una multitud mayor que la primera, y al cabo de algunos años vendrá apresuradamente con gran ejército y con muchas riquezas. En aquellos tiempos se levantarán muchos contra el rey del sur; y hombres turbulentos de tu pueblo se levantarán para cumplir la visión, pero ellos caerán. Vendrá, pues, el rey del norte, y levantará baluartes, y tomará la ciudad fuerte; y las fuerzas del sur no podrán sostenerse, ni sus tropas escogidas, porque no habrá fuerzas para resistir. Y el que vendrá contra él hará su voluntad, y no habrá quien se le pueda enfrentar; y estará en la tierra gloriosa, la cual será consumida en su poder. Afirmará luego su rostro para venir con el poder de todo su reino; y hará con aquél convenios, y le dará una hija de mujeres para destruirle; pero no permanecerá, ni tendrá éxito. Volverá después su rostro a las costas, y tomará muchas; mas un príncipe hará cesar su afrenta, y aun hará volver sobre él su oprobio. Luego volverá su rostro a las fortalezas de su tierra; mas tropezará y caerá, y no será hallado. Y se levantará en su lugar uno que hará pasar un cobrador de tributos por la gloria del reino; pero en pocos días será quebrantado, aunque no en ira, ni en batalla. Y le sucederá en su lugar un hombre despreciable, al cual no darán la honra del reino; pero vendrá sin aviso y tomará el reino con halagos. Las fuerzas enemigas serán barridas delante de él como con inundación de aguas; serán del todo destruidos, junto con el príncipe del pacto. Y después del pacto con él, engañará y subirá, y saldrá vencedor con poca gente. Estando la provincia en paz y en abundancia, entrará y hará lo que no hicieron sus padres, ni los padres de sus padres; botín, despojos y riquezas repartirá a sus soldados, y contra las fortalezas formará sus designios; y esto por un tiempo.

La guerra entre el Rey de Persia (en el sur) y el Rey de Grecia (en el norte) será tan fuerte que realmente sería lento seguir los detalles cuando hay otras profecías que determinan los tiempos del fin, pero les sigo interpretado estas profecías por si alguien quiere revisar los acontecimientos con los pasajes que vienen a continuación.

Un príncipe del reino del sur será más fuerte y hará alianza con el Rey del norte, el Rey del sur le entregará su hija al Rey del norte para hacer la paz, pero nadie hará caso de su hijo. Surgirá un renuevo de su descendencia contra el Rey del norte y hará a su arbitrio y predominará y los llevará junto con sus dioses, objetos de plata y oro cautivos a Egipto y por años estará contra el Rey del norte; así gana el Rey del sur y se envanece; otros se levantarán contra el Rey del sur junto con los de Israel, pero caerán, entonces el Rey del norte regresa con mayor multitud y riquezas, lo vence y hace su voluntad y no hay quien lo enfrente, estará en Jerusalén, la tierra gloriosa, y la consumirá, hará convenios y le dará una hija de mujeres para destruirle pero sin éxito, volverá su rostro a las costas, más un príncipe hará cesar su agresión y oprobio, luego caerá y no será hallado. En su lugar viene un Cobrador de Tributos que será quebrantado, no por ira o batalla, y después viene un hombre despreciable (la Bestia), que tomará el reino con halagos y sus enemigos y el Príncipe del Pacto serán destruidos, hará un Nuevo Pacto (modifica el Pacto Santo), engañará y subirá venciendo con poca gente y por un año (un tiempo), tomará botín y despojos y repartirá riquezas a sus soldados.

Esta bestia peleará contra el Rey del sur, quien es traicionado y pierde la guerra. En el corazón de los dos reyes está hacer el mal y harán pactos de mentira, la bestia regresará al norte con el corazón contra el Pacto Santo, luego regresa al sur y, en otro intento hará su voluntad entendiéndose con los que no respeten el Pacto Santo; con otros ejércitos tomará el Santuario y la Fortaleza y quitará el Continuo Sacrificio y pondrá a la Abominación Desoladora al final de los siguientes tres años; con lisonjas seducirá a los violadores del Pacto Santo, pero los Santos actuarán, dice la Biblia, y los Sabios instruirán a muchos, y caerán a fuego y espada, cautividad y despojo. En esos momentos serán ayudados por un Pequeño Socorro (el auxilio de Dios), muchos se juntarán a los sabios con lisonjas y algunos Sabios serán engañados.

La Bestia (el Rey el norte) hará su voluntad se engrandecerá contra Dios, prosperará hasta que se consuma la ira de Dios. No hará caso del Dios de sus padres y honrará al dios de las fortalezas, vencerá a las naciones y el rey del sur vendrá contra él, pero será arrasado con una mar de ejército, entrará a la tierra gloriosa, muchas provincias caerán en su mano menos Edom y Moab y parte de Amón, vendrán los Reyes del Oriente contra él, entonces pondrá sus tiendas entre el mar y el monte del Sinaí y ahí vendrá el Gran Terremoto, el granizo y fuego del cielo, el arrebato y la venida de nuestro Señor Jesucristo.

MAPA DE BABILONIA:

PACTO SANTO

Daniel 11:28

"Y volverá a su tierra con gran riqueza, y su corazón será contra el Pacto Santo; hará su voluntad, y volverá a su tierra."

Daniel 8:13

"¿Hasta cuándo durará la visión del Continuo Sacrificio, y la Prevaricación Asoladora entregando el Santuario y el ejército para ser pisoteados? Y él dijo: Hasta dos mil trescientas tardes y mañanas; luego el santuario será purificado."

Daniel 9:24-27

"En el año primero de Darío hijo de Asuero, de la nación de los medos, que vino a ser rey sobre el reino de los caldeos, en el año primero de su reinado, yo Daniel miré atentamente en los libros el número de los años de que habló Jehová al profeta Jeremías, que habían de cumplirse las desolaciones de

Jerusalén en setenta años. Aún estaba hablando y orando, y confesando mi pecado y el pecado de mi pueblo Israel, y derramaba mi ruego delante de Jehová mi Dios por el monte santo de mi Dios; aún estaba hablando en oración, cuando el varón Gabriel, a quien había visto en la visión al principio, volando con presteza, vino a mí como a la hora del sacrificio de la tarde. Y me hizo entender, y habló conmigo, diciendo: Daniel, ahora he salido para darte sabiduría y entendimiento. Al principio de tus ruegos fue dada la orden, y yo he venido para enseñártela, porque tú eres muy amado. Entiende, pues, la orden, y entiende la visión. Setenta semanas están determinadas sobre tu pueblo y sobre tu Santa Ciudad, para terminar la Prevaricación, y poner fin al pecado, y expiar la iniquidad, para traer la justicia perdurable, y sellar la visión y la profecía, y ungir al Santo de los santos. Sabe, pues, y entiende, que desde la salida de la orden para restaurar y edificar a Jerusalén hasta el Mesías Príncipe, habrá siete semanas, y sesenta y dos semanas; se volverá a edificar la plaza y el muro en tiempos angustiosos. Y después de las sesenta y dos semanas se quitará la vida al Mesías, mas no por sí; y el pueblo de un príncipe que ha de venir destruirá la ciudad y el santuario; y su fin será con inundación, y hasta el fin de la guerra durarán las devastaciones. Y por otra semana confirmará el pacto con muchos; a la mitad de la semana hará cesar el sacrificio y la ofrenda. Después con la muchedumbre de las abominaciones vendrá el desolador, hasta que venga la consumación, y lo que está determinado se derrame sobre el desolador."

NOTA: La Prevaricación, o Cohecho, es un delito que consiste en que una autoridad, juez u otro funcionario público dicte una resolución arbitraria en un asunto administrativo o judicial, a sabiendas que dicha resolución es injusta. Es creerse con tanta autoridad como para estar por encima de la ley sin ser así.

Daniel 12:11

"Impíamente, y ninguno de los impíos entenderá, pero los entendidos comprenderán. Y desde el tiempo que sea quitado el Continuo Sacrificio hasta la Abominación Desoladora, habrá mil doscientos noventa días. Bienaventurado el que espere, y llegue a mil trescientos treinta y cinco días.

Daniel 10

"En el año tercero de Ciro rey de Persia fue revelada palabra a Daniel, llamado Beltsasar; y la palabra era verdadera, y el conflicto grande; pero él comprendió la palabra, y tuvo inteligencia en la visión. En aquellos días yo Daniel estuve afligido por espacio de tres semanas. No comí manjar delicado, ni entró en mi boca carne ni vino, ni me ungí con ungüento, hasta que se cumplieron las tres semanas. Y el día veinticuatro del mes primero estaba yo a la orilla del gran río Hidekel. Y alcé mis ojos y miré, y he aquí un varón vestido de lino, y ceñidos sus lomos de oro de Ufaz. Su cuerpo era como de berilo, y su rostro parecía un relámpago, y sus ojos como antorchas de fuego, y sus brazos y sus pies como de color de bronce bruñido, y el sonido de sus palabras como el estruendo de una multitud. Y sólo yo, Daniel, vi aquella visión, y no la vieron los hombres que estaban conmigo, sino que se apoderó de ellos un gran temor, y huyeron y se escondieron. Quedé, pues, yo solo, y vi esta gran visión, y no quedó fuerza en mí, antes mi fuerza se cambió en desfallecimiento, y no tuve vigor alguno. Pero oí el sonido de sus palabras; y al oír el sonido de sus palabras, caí sobre mi rostro en un profundo sueño, con mi rostro en tierra. Y he aquí una mano me tocó, e hizo que me pusiese sobre mis rodillas y sobre las palmas de mis manos. Y me dijo: Daniel, varón muy amado, está atento a las palabras que te hablaré, y ponte en pie; porque a ti he sido enviado ahora. Mientras hablaba esto conmigo, me puse en pie temblando. Entonces me dijo: Daniel, no temas; porque desde el primer día que dispusiste tu corazón a entender y a humillarte en la presencia de tu Dios, fueron oídas tus palabras; y a causa de tus palabras yo he venido. Mas el príncipe del reino de Persia se me opuso durante veintiún días; pero he aquí Miguel, uno de los

principales príncipes, vino para ayudarme, y quedé allí con los reyes de Persia. He venido para hacerte saber lo que ha de venir a tu pueblo en los postreros días; porque la visión es para esos días. Mientras me decía estas palabras, estaba yo con los ojos puestos en tierra, y enmudecido. Pero he aquí, uno con semejanza de hijo de hombre tocó mis labios. Entonces abrí mi boca y hablé, y dije al que estaba delante de mí: Señor mío, con la visión me han sobrevenido dolores, y no me queda fuerza. ¿Cómo, pues, podrá el siervo de mi señor hablar con mi señor? Porque al instante me faltó la fuerza, y no me quedó aliento. Y aquel que tenía semejanza de hombre me tocó otra vez, y me fortaleció, y me dijo: Muy amado, no temas; la paz sea contigo; esfuérzate y aliéntate. Y mientras él me hablaba, recobré las fuerzas, y dije: Hable mi señor, porque me has fortalecido. Él me dijo: ¿Sabes por qué he venido a tí? Pues ahora tengo que volver para pelear contra el príncipe de Persia; y al terminar con él, el príncipe de Grecia vendrá. Pero yo te declararé lo que está escrito en el libro de la verdad; y ninguno me ayuda contra ellos, sino Miguel vuestro príncipe."

Daniel 11:28-45

Y volverá a su tierra con gran riqueza, y su corazón será contra el pacto santo; hará su voluntad, y volverá a su tierra. Al tiempo señalado volverá al sur; mas no será la postrera venida como la primera. Porque vendrán contra él naves de Quitim, y él se contristará, y volverá, y se enojará contra el pacto santo, y hará según su voluntad; volverá, pues, y se entenderá con los que abandonen el santo pacto. Y se levantarán de su parte tropas que profanarán el santuario y la fortaleza, y quitarán el continuo sacrificio, y pondrán la abominación desoladora. Con lisonjas seducirá a los violadores del pacto; mas el pueblo que conoce a su Dios se esforzará y actuará. Y los sabios del pueblo instruirán a muchos; y por algunos días caerán a espada y a fuego, en cautividad y despojo. Y en su caída serán ayudados de pequeño socorro; y muchos se juntarán a ellos con lisonjas. También algunos de los sabios caerán para ser depurados y limpiados y emblanquecidos, hasta el tiempo determinado; porque aun para esto hay plazo. Y el rey hará su voluntad, y se ensoberbecerá, y se engrandecerá sobre todo dios; y contra el Dios de los dioses hablará maravillas, y prosperará, hasta que sea consumada la ira; porque lo determinado se cumplirá. Del Dios de sus padres no hará caso, ni del amor de las mujeres; ni respetará a dios alguno, porque sobre todo se engrandecerá. Más honrará en su lugar al dios de las fortalezas, dios que sus padres no conocieron; lo honrará con oro y plata, con piedras preciosas y con cosas de gran precio. Con un dios ajeno se hará de las fortalezas más inexpugnables, y colmará de honores a los que le reconozcan, y por precio repartirá la tierra. Pero al cabo del tiempo el rey del sur contenderá con él; y el rey del norte se levantará contra él como una tempestad, con carros y gente de a caballo, y muchas naves; y entrará por las tierras, e inundará, y pasará. Entrará a la tierra gloriosa, y muchas provincias caerán; mas éstas escaparán de su mano: Edom y Moab, y la mayoría de los hijos de Amón. Extenderá su mano contra las tierras, y no escapará el país de Egipto. Y se apoderará de los tesoros de oro y plata, y de todas las cosas preciosas de Egipto; y los de Libia y de Etiopía le seguirán. Pero noticias del oriente y del norte lo atemorizarán, y saldrá con gran ira para destruir y matar a muchos. Y plantará las tiendas de su palacio entre los mares y el monte glorioso y santo; mas llegará a su fin, y no tendrá quien le ayude."

El pacto Santo seguramente va a comprender un acuerdo para edificar el tercer templo de Salomón en el espacio que actualmente es el patio del templo de la mezquita, según los estudios que hicieron los judíos parece que el anterior templo de salomón estaba en ese lugar, al existir un pacto como Santo quiere decir que está considerando un acuerdo sagrado entre ambas naciones: judíos y musulmanes. Esto implica que los dos templos estarán construidos uno junto al otro, en lo que uno considera el patio del otro. Actualmente Existen dos mezquitas en lo que es considerado el patio de la mezquita de la roca, una que está en el centro del patio y la otra más pequeña que está en un extremo, la gente que ha hecho estudios sobre estos terrenos dicen que anteriormente, donde está la mezquita pequeña, estaban los corrales dónde guardaban a los animales para los sacrificios.

A la mitad de la semana 70 el anticristo rompe con el pacto Santo y suspende el continuo sacrificio al tomar a Israel, al ejército y al templo por la fuerza, lo que nos hace pensar que coincide con los segundos 3½ años de los que habla en Apocalipsis 12 cuando Israel es tomado en las alas del águila. Al final de los 3½ años en el Lugar Santísimo ocurre la Gran Abominación cuando el anticristo se sienta en el lugar santísimo haciéndose pasar por Dios como si fuera Cristo, actualmente solo existe el Muro de los Lamentos, pero cuando escuchen ustedes que los Israelitas están comenzando la edificación del Templo sepan que empezamos la cuenta regresiva.

Desde la Gran Abominación hasta la Venida del Señor Jesucristo Pasarían unos dos o tres meses, recordemos que serán bienaventurados los que resistan hasta 1335 días. al ver Satanás que le queda poco tiempo atacará al resto de los Cristianos del mundo, esto es sólo una idea tomando como base Apocalipsis 12, ya que no hay una interpretación totalmente exacta en las Profecías.

LA GRAN ABOMINACIÓN

El Templo es edificado en Días Difíciles, si edifican los Judíos sería en donde está La Mezquita y esto traerá tensión o guerra entre los Musulmanes y Judíos, es entregado el Patio por 3 y medio años, vienen naves y se enojan contra el Pacto Santo y lo rompen (pacto de paz entre Israel y Musulmanes?), tropas que profanan el Santuario, y la Fortaleza y quitarán el Continuo Sacrificio 1290 días antes de la Abominación Desoladora.

Daniel 12

"En aquel tiempo se levantará Miguel, el gran príncipe que está de parte de los hijos de tu pueblo; y será tiempo de angustia, cual nunca fue desde que hubo gente hasta entonces; pero en aquel tiempo será libertado tu pueblo, todos los que se hallen escritos en el libro. Y muchos de los que duermen en el polvo de la tierra serán despertados, unos para vida eterna, y otros para vergüenza y confusión perpetua. Los entendidos resplandecerán como el resplandor del firmamento; y los que enseñan la justicia a la multitud, como las estrellas a perpetua eternidad. Pero tú, Daniel, cierra las palabras y sella el libro hasta el tiempo del fin. Muchos correrán de aquí para allá, y la ciencia se aumentará. Y yo Daniel miré, y he aquí otros dos que estaban en pie, el uno a este lado del río, y el otro al otro lado del río. Y dijo uno al varón vestido de lino, que estaba sobre las aguas del río: ¿Cuándo será el fin de estas maravillas? Y oí al varón vestido de lino, que estaba sobre las aguas del río, el cual alzó su diestra y su siniestra al cielo, y juró por el que vive por los siglos, que será por tiempo, tiempos, y la mitad de un tiempo. Y cuando se acabe la dispersión del poder del pueblo santo, todas estas cosas serán cumplidas. Y yo oí, mas no entendí. Y dije: Señor mío, ¿cuál será el fin de estas cosas? El respondió: Anda, Daniel, pues estas palabras están cerradas y selladas hasta el tiempo del fin. Muchos serán limpios, y emblanquecidos y purificados; los impíos procederán impíamente, y ninguno de los impíos entenderá, pero los entendidos comprenderán. Y desde el tiempo que sea quitado el continuo sacrificio hasta la abominación desoladora, habrá mil doscientos noventa días. Bienaventurado el que espere, y llegue a mil trescientos treinta y cinco días. Y tú irás hasta el fin, y reposarás, y te levantarás para recibir tu heredad al fin de los días."

Mateo. 24:14-22; Marcos. 13:14-20; Lucas. 21:20-24
Y será predicado este evangelio del reino en todo el mundo, para testimonio a todas las naciones; y entonces vendrá el fin.
Por tanto, cuando veáis en el lugar santo la abominación desoladora de que habló el profeta Daniel (el que lee, entienda),

Entonces los que estén en Judea, huyan a los montes.

El que esté en la azotea, no descienda para tomar algo de su casa;

Y el que esté en el campo, no vuelva atrás para tomar su capa.

Más ¡ay de las que estén encintas, y de las que críen en aquellos días!

Orad, pues, que vuestra huida no sea en invierno ni en día de reposo;

Porque habrá entonces gran tribulación, cual no la ha habido desde el principio del mundo hasta ahora, ni la habrá.

Y si aquellos días no fuesen acortados, nadie sería salvo; más por causa de los escogidos, aquellos días serán acortados.

aquellos días serán acortados.

Daniel 9:27

Y por otra semana confirmará el pacto con muchos; a la mitad de la semana hará cesar el sacrificio y la ofrenda. Después con la muchedumbre de las abominaciones vendrá el desolador, hasta que venga la consumación, y lo que está determinado se derrame sobre el desolador.

Daniel 11:31

Y se levantarán de su parte tropas que profanarán el santuario y la fortaleza, y quitarán el continuo sacrificio, y pondrán la abominación desoladora.

2Tes. 2:1-10

Pero con respecto a la venida de nuestro Señor Jesucristo, y nuestra reunión con él, os rogamos, hermanos,

que no os dejéis mover fácilmente de vuestro modo de pensar, ni os conturbéis, ni por espíritu, ni por palabra, ni por carta como si fuera nuestra, en el sentido de que el día del Señor está cerca.

Nadie os engañe en ninguna manera; porque no vendrá sin que antes venga la apostasía, y se manifieste el hombre de pecado, el hijo de perdición,

El cual se opone y se levanta contra todo lo que se llama Dios o es objeto de culto; tanto que se sienta en el templo de Dios como Dios, haciéndose pasar por Dios. ¿No os acordáis que cuando yo estaba todavía con vosotros, os decía esto?

Y ahora vosotros sabéis lo que lo detiene, a fin de que a su debido tiempo se manifieste.

Porque ya está en acción el misterio de la iniquidad; sólo que hay quien al presente lo detiene, hasta que él a su vez sea quitado de en medio.

Y entonces se manifestará aquel inicuo, a quien el Señor matará con el espíritu de su boca, y destruirá con el resplandor de su venida;

inicuo cuyo advenimiento es por obra de Satanás, con gran poder y señales y prodigios mentirosos,

y con todo engaño de iniquidad para los que se pierden, por cuanto no recibieron el amor de la verdad para ser salvos.

El cual se opone y se levanta contra todo lo que se llama Dios o es objeto de culto; tanto que se sienta en el templo de Dios como Dios, haciéndose pasar por Dios. ¿No os acordáis que cuando yo estaba todavía con vosotros, os decía esto?

Capítulo 5

LA VENIDA DE CRISTO Y EL ARREBATO

A partir de que se quite el Continuo Sacrificio hasta la Abominación Desoladora hay 1290 días (un tiempo, tiempos y la mitad de un tiempo = 3 años y medio), y bienaventurado será el que llegue a 1335 días, por qué? porque viene un pequeño auxilio; este auxilio puede ser el arrebato o, que por ser una época de persecución del pueblo judío y de la Iglesia, la protección de los ángeles venga a llevarlos a un lugar seguro; cuando el Templo esté terminado casi no tendrán tiempo de hacer sacrificios, aun así los harán hasta que sea tomado por la fuerza Israel por el anticristo, y al final de los 3.5 años se manifestará la Gran Abominación, y se da la Gran Tribulación. A Daniel se le dice que en ese momento será levantado de su sepulcro para ser arrebatado con los demás, al parecer poco después de cumplidos los 1335 días y no hay otra resurrección de muertos hasta la venida de Cristo, ("y tú irás hasta el fin, y reposarás, y te levantarás para recibir tu heredad al fin de los días"). La venida de Cristo parece estar descrita en este pasaje de Daniel 12:1-3.

Este es el capítulo que habla a los hijos de Israel y a los cristianos sobre como saldrán de sus sepulcros al ser despertados en el Arrebato, en ambos casos primero serán arrebatados los que estén muertos y después los que estemos vivos, pero todos, absolutamente todos serán levantados de sus sepulcros y arrebatados unos para vida eterna y otros para vergüenza y confusión perpetua.

Juan 14:1-4

"No se turbe vuestro corazón; creéis en Dios, creed también en mí. En la casa de mi Padre muchas moradas hay; si así no fuera, yo os lo hubiera dicho; voy, pues, a preparar lugar para vosotros. Y si me fuere y os

preparare lugar, vendré otra vez, y os tomaré a mí mismo, para que donde yo estoy, vosotros también estéis. Y sabéis a dónde voy, y sabéis el camino."

Daniel 12:1-3

"En aquel tiempo se levantará Miguel, el gran príncipe que está de parte de los hijos de tu pueblo; y será tiempo de angustia, cual nunca fue desde que hubo gente hasta entonces; pero en aquel tiempo será libertado tu pueblo, todos los que se hallen escritos en el libro. Y muchos de los que duermen en el polvo de la tierra serán despertados, unos para vida eterna, y otros para vergüenza y confusión perpetua. Los entendidos resplandecerán como el resplandor del firmamento; y los que enseñan la justicia a la multitud, como las estrellas a perpetua eternidad."

Isaías 43:3

Porque yo Jehová, Dios tuyo, el Santo de Israel, soy tu Salvador; a Egipto he dado por tu rescate, a Etiopía y a Seba por ti.

Porque a mis ojos fuiste de gran estima, fuiste honorable, y yo te amé; daré, pues, hombres por ti, y naciones por tu vida.

No temas, porque yo estoy contigo; del oriente traeré tu generación, y del occidente te recogeré.

Diré al norte: Da acá; y al sur: No detengas; trae de lejos mis hijos, y mis hijas de los confines de la tierra,

todos los llamados de mi nombre; para gloria mía los he creado, los formé y los hice.

Sofonías 3:20

En aquel tiempo yo os traeré, en aquel tiempo os reuniré yo; pues os pondré para renombre y para alabanza entre todos los pueblos de la tierra, cuando levante vuestro cautiverio delante de vuestros ojos, dice Jehová.

La Mujer es Israel no hay duda, las estrellas de la corona sobre su cabeza representan un ángel para cada una de las 12 tribus de Israel, los Dolores de Parto son las señales de las que habló Jesucristo, el Dragón Escarlata es la Bestia que tiene siete cabezas que representan siete montes y los diez cuernos representan 10 reyes que apoyan al Anticristo, representado por el Cuerno Pequeño; el Anticristo pelea con los Ángeles y con los Santos y los vence y hace señales como hacer descender meteoritos pequeños para que caiga fuego del cielo (este no es el mismo caso de cuando hace caer las estrellas del cielo que son Ángeles); el Hijo ya vimos que pueden ser los 144 mil santos de Dios que estarían en el pueblo judío, los que son redimidos y arrebatados como primicias para Dios y para su trono, y que van con Cristo Jesús a todas partes; Israel, al ver el arrebato de estos 144 mil (Apocalipsis 14:4) huye al desierto donde tiene un lugar apartado por Dios por 1260 días; es entonces cuando el Señor pone el Patio del Templo en manos de los gentiles hasta la Gran Abominación o la Abominación Desoladora y el Anticristo se muestra como lo que es, así empieza la persecución más agresiva de la Iglesia, cuando las batallas en el cielo serán por la fe de los Judíos y Cristianos que están en la tierra, ya que muchos serán engañados y perseguidos; al arrojar al Diablo del Cielo ya no hay quien acuse a los hermanos y ellos, en medio de la Tribulación, le han vencido por la sangre de Jesucristo y el testimonio de la Iglesia, menospreciando así su propia vida hasta la muerte; la Serpiente Antigua (Dragón, Satanás) persigue a Israel, pero a Israel le fueron dadas alas para que huya al desierto donde es abastecida por un tiempo, y tiempos y la mitad de un tiempo (1, 2 y 1/2= 3 ½ años). El Dragón arroja Aguas (grandes ejércitos o multitudes) pero la tierra ayuda a la Mujer y abre su boca y se traga el rio que el Dragón había arrojado en contra de la Mujer; en el capítulo de Apocalipsis 17 dice que la Mujer está en medio de las Muchas Aguas, y el ángel le explica a Juan, que el significado de "aguas" son Pueblos, Naciones, y Lenguas; entonces el dragón, lleno de ira, perseguirá al resto de su descendencia que son los que guardan los mandamientos de Dios y tienen el testimonio de Jesucristo; si los Judíos están contemplados en la persona de la Mujer, ¿a quién persigue Satanás? al resto de la Iglesia en el mundo seguramente.

Daniel 12:13

"Y tú irás hasta el fin, y reposarás, y te levantarás para recibir tu heredad al fin de los días."

Apocalipsis 10:7

"Sino que en los días de la voz del séptimo ángel, cuando él comience a tocar la trompeta, el misterio de Dios se consumará, como él lo anunció a sus siervos los profetas."

Apocalipsis. 11:12

"Y oyeron una gran voz del cielo, que les decía: Subid acá. Y subieron al cielo en una nube; y sus enemigos los vieron."

Apocalipsis 12:10-12

"Entonces oí una gran voz en el cielo, que decía: Ahora ha venido la salvación, el poder, y el reino de nuestro Dios, y la autoridad de su Cristo; porque ha sido lanzado fuera el acusador de nuestros hermanos, el que los acusaba delante de nuestro Dios día y noche. Y ellos le han vencido por medio de la sangre del Cordero y de la palabra del testimonio de ellos, y menospreciaron sus vidas hasta la muerte. Por lo cual alegraos, cielos, y los que moráis en ellos. ¡Ay de los moradores de la tierra y del mar! porque el diablo ha descendido a vosotros con gran ira, sabiendo que tiene poco tiempo."

Apocalipsis 16:15

"He aquí, yo vengo como ladrón. Bienaventurado el que vela, y guarda sus ropas, para que no ande desnudo, y vean su vergüenza."

EL SEPTIMO SELLO CON LAS SIETE TROMPETAS

Apocalipsis 8:1-2

Cuando abrió el séptimo sello, se hizo silencio en el cielo como por media hora. Y via los siete ángeles que estaban en pie ante Dios; y se les dieron siete trompetas."

Éxodo 30:1

"Harás asimismo un altar para quemar el incienso; de madera de acacia lo harás."

Apocalipsis 8:3-4

"Otro ángel vino entonces y se paró ante el altar, con un incensario de oro; y se le dio mucho incienso para añadirlo a las oraciones de todos los santos, sobre el altar de oro que estaba delante del trono. Y de la mano del ángel subió a la presencia de Dios el humo del incienso con las oraciones de los santos."

Levítico 16:12

"Después tomará un incensario lleno de brasas de fuego del altar de delante de Jehová, y sus puños llenos del perfume aromático molido, y lo llevará detrás del velo."

Apocalipsis 16:18

"Entonces hubo relámpagos y voces y truenos, y un gran temblor de tierra, un terremoto tan grande, cual no lo hubo jamás desde que los hombres han estado sobre la tierra."

Apocalipsis 8:5-6

"Y el ángel tomó el incensario, y lo llenó del fuego del altar, y lo arrojó a la tierra; y hubo truenos, y voces, y relámpagos, y un terremoto. Y los siete ángeles que tenían las siete trompetas se dispusieron a tocarlas."

Éxodo 9:23-25

"Y Moisés extendió su vara hacia el cielo, y Jehová hizo tronar y granizar, y el fuego se descargó sobre la tierra; y Jehová hizo llover granizo sobre la tierra de Egipto. Hubo, pues, granizo, y fuego mezclado con el granizo, tan grande, cual nunca hubo en toda la tierra de Egipto desde que fue habitada. Y aquel granizo hirió en toda la tierra de Egipto todo lo que estaba en el campo, así hombres como bestias; asimismo destrozó el granizo toda la hierba del campo, y desgajó todos los árboles del país."

Josué 10:11

"Y mientras iban huyendo de los israelitas, a la bajada de Bet-horón, Jehová arrojó desde el cielo grandes piedras sobre ellos hasta Azeca, y murieron; y fueron más los que murieron por las piedras del granizo, que los que los hijos de Israel mataron a espada."

Isaías 28:2

"He aquí, Jehová tiene uno que es fuerte y poderoso; como turbión de granizo y como torbellino trastornador, como ímpetu de recias aguas que inundan, con fuerza derriba a tierra."

Ezequiel 13:11

"di a los recubridores con lodo suelto, que caerá; vendrá lluvia torrencial, y enviaré piedras de granizo que la hagan caer, y viento tempestuoso la romperá."

Apocalipsis 8:6-11

Y los siete ángeles que tenían las siete trompetas se dispusieron a tocarlas.

"El primer ángel tocó la trompeta, y hubo granizo y fuego mezclados con sangre, que fueron lanzados sobre la tierra; y la tercera parte de los árboles se quemó, y se quemó toda la hierba verde. El segundo ángel tocó la trompeta, y como una gran montaña ardiendo en fuego fue precipitada en el mar; y la tercera parte del mar se convirtió en sangre. Y murió la tercera parte de los seres vivientes que estaban en el mar, y la tercera parte de las naves fue destruida. El tercer ángel tocó la trompeta, y cayó del cielo una gran estrella, ardiendo como una antorcha, y cayó sobre la tercera parte de los ríos, y sobre las fuentes de las aguas. Y el nombre de la estrella es Ajenjo. Y la tercera parte de las aguas se convirtió en ajenjo; y muchos hombres murieron a causa de esas aguas, porque se hicieron amargas."

Isaías 13:9-11

"He aquí el día de Jehová viene, terrible, y de indignación y ardor de ira, para convertir la tierra en soledad, y raer de ella a sus pecadores. Por lo cual las estrellas de los cielos y sus luceros no darán su luz; y el sol se oscurecerá al nacer, y la luna no dará su resplandor. Y castigaré al mundo por su maldad, y a los impíos por su iniquidad; y haré que cese la arrogancia de los soberbios, y abatiré la altivez de los fuertes."

Isaías 24:23

"La luna se avergonzará, y el sol se confundirá, cuando Jehová de los ejércitos reine en el monte de Sion y en Jerusalén, y delante de sus ancianos sea glorioso."

Ezequiel 32:7

"Y cuando te haya extinguido, cubriré los cielos, y haré entenebrecer sus estrellas; el sol cubriré con nublado, y la luna no hará resplandecer su luz."

Joel 2:10

"Delante de él temblará la tierra, se estremecerán los cielos; el sol y la luna se oscurecerán, y las estrellas retraerán su resplandor"

Joel 2:31

"El sol se convertirá en tinieblas, y la luna en sangre, antes que venga el día grande y espantoso de Jehová"

Apocalipsis 8:12-13

"El cuarto ángel tocó la trompeta, y fue herida la tercera parte del sol, y la tercera parte de la luna, y la tercera parte de las estrellas, para que se oscureciese la tercera parte de ellos, y no hubiese luz en la tercera parte del día, y asimismo de la noche. Y miré, y oí a un ángel volar por en medio del cielo, diciendo a gran voz: ¡Ay, ay, ay, de los que moran en la tierra, a causa de los otros toques de trompeta que están para sonar los tres ángeles!"

Apocalipsis 9:1-19

"El quinto ángel tocó la trompeta, y vi una estrella que cayó del cielo a la tierra; y se le dio la llave del pozo del abismo. Y abrió el pozo del abismo, y subió humo del pozo como humo de un gran horno; y se oscureció el sol y el aire por el humo del pozo. Y del humo salieron langostas sobre la tierra; y se les dio poder, como tienen poder los escorpiones de la tierra. Y se les mandó que no dañasen a la hierba de la tierra, ni a cosa verde alguna, ni a ningún árbol, sino solamente a los hombres que no tuviesen el sello de Dios en sus frentes. Y les fue dado, no que los matasen, sino que los atormentasen cinco meses; y su tormento era como tormento de escorpión cuando hiere al hombre. Y en aquellos días los hombres buscarán la muerte, pero no la hallarán; y ansiarán morir, pero la muerte huirá de ellos. El aspecto de las langostas era semejante a caballos preparados para la guerra; en las cabezas tenían como coronas de oro; sus caras eran como caras humanas; tenían cabello como cabello de mujer; sus dientes eran como de leones; tenían corazas como corazas de hierro; el ruido de sus alas era como el

estruendo de muchos carros de caballos corriendo a la batalla; tenían colas como de escorpiones, y también aguijones; y en sus colas tenían poder para dañar a los hombres durante cinco meses. Y tienen por rey sobre ellos al ángel del abismo, cuyo nombre en hebreo es Abadón, y en griego, Apolión. El primer ay pasó; he aquí, vienen aún dos ayes después de esto. El sexto ángel tocó la trompeta, y oí una voz de entre los cuatro cuernos del altar de oro que estaba delante de Dios, diciendo al sexto ángel que tenía la trompeta: Desata a los cuatro ángeles que están atados junto al gran río Éufrates. Y fueron desatados los cuatro ángeles que estaban preparados para la hora, día, mes y año, a fin de matar a la tercera parte de los hombres. Y el número de los ejércitos de los jinetes era doscientos millones. Yo oí su número. Así vi en visión los caballos y a sus jinetes, los cuales tenían corazas de fuego, de zafiro y de azufre. Y las cabezas de los caballos eran como cabezas de leones; y de su boca salían fuego, humo y azufre. Por estas tres plagas fue muerta la tercera parte de los hombres; por el fuego, el humo y el azufre que salían de su boca. Pues el poder de los caballos estaba en su boca y en sus colas; porque sus colas, semejantes a serpientes, tenían cabezas, y con ellas dañaban."

2ª Tesalonicenses 1:7
"Y a vosotros que sois atribulados, daros reposo con nosotros, cuando se manifieste el Señor Jesús desde el cielo con los ángeles de su poder."

2ª Pedro 3:10
"Pero el día del Señor vendrá como ladrón en la noche; en el cual los cielos pasarán con grande estruendo, y los elementos ardiendo serán deshechos, y la tierra y las obras que en ella hay serán quemadas."

Ezequiel 9:4

"Y le dijo Jehová: Pasa por en medio de la ciudad, por en medio de Jerusalén, y ponles una señal en la frente a los hombres que gimen y que claman a causa de todas las abominaciones que se hacen en medio de ella."

Job 3:21

"Que esperan la muerte, y ella no llega, Aunque la buscan más que tesoros."

Joel 2:4

"Su aspecto, como aspecto de caballos, y como gente de a caballo correrán."

Joel 1:6

"Porque pueblo fuerte e innumerable subió a mi tierra; sus dientes son dientes de león, y sus muelas, muelas de león."

Joel 2:5

"Como estruendo de carros saltarán sobre las cumbres de los montes; como sonido de llama de fuego que consume hojarascas, como pueblo fuerte dispuesto para la batalla."

Éxodo 30:1-3

"Harás asimismo un altar para quemar el incienso; de madera de acacia lo harás. Su longitud será de un codo, y su anchura de un codo; será cuadrado, y su altura de dos codos; y sus cuernos serán parte del mismo. Y lo cubrirás de oro puro, su cubierta, sus paredes en derredor y sus cuernos; y le harás en derredor una cornisa de oro.

Salmos 115:4-7

"Los ídolos de ellos son plata y oro, Obra de manos de hombres. Tienen boca, mas no hablan; Tienen ojos, mas no ven; Orejas tienen, mas no oyen;

Tienen narices, mas no huelen; Manos tienen, mas no palpan; Tienen pies, mas no andan; No hablan con su garganta."

Salmos135:15-17
"Los ídolos de las naciones son plata y oro, Obra de manos de hombres. Tienen boca, y no hablan; Tienen ojos, y no ven; Tienen orejas, y no oyen; Tampoco hay aliento en sus bocas."

Daniel 5:4
"Bebieron vino, y alabaron a los dioses de oro y de plata, de bronce, de hierro, de madera y de piedra."

Apocalipsis 9:20-21
"Y los otros hombres que no fueron muertos con estas plagas, ni aun así se arrepintieron de las obras de sus manos, ni dejaron de adorar a los demonios, y a las imágenes de oro, de plata, de bronce, de piedra y de madera, las cuales no pueden ver, ni oír, ni andar; y no se arrepintieron de sus homicidios, ni de sus hechicerías, ni de su fornicación, ni de sus hurtos.

Apocalipsis 10:6-7
"Y juró por el que vive por los siglos de los siglos, que creó el cielo y las cosas que están en él, y la tierra y las cosas que están en ella, y el mar y las cosas que están en él, que el tiempo no sería más, sino que en los días de la voz del séptimo ángel, cuando él comience a tocar la trompeta, el misterio de Dios se consumará, como él lo anunció a sus siervos los profetas. "

Apocalipsis 11:1-12
"Entonces me fue dada una caña semejante a una vara de medir, y se me dijo: Levántate, y mide el templo de Dios, y el altar, y a los que adoran en él. Pero el patio que está fuera del templo déjalo aparte, y no lo midas, porque ha sido entregado a los gentiles; y ellos hollarán la ciudad santa cuarenta y

dos meses. Y daré a mis dos testigos que profeticen por mil doscientos sesenta días, vestidos de cilicio. Estos testigos son los dos olivos, y los dos candeleros que están en pie delante del Dios de la tierra. Si alguno quiere dañarlos, sale fuego de la boca de ellos, y devora a sus enemigos; y si alguno quiere hacerles daño, debe morir él de la misma manera. Estos tienen poder para cerrar el cielo, a fin de que no llueva en los días de su profecía; y tienen poder sobre las aguas para convertirlas en sangre, y para herir la tierra con toda plaga, cuantas veces quieran. Cuando hayan acabado su testimonio, la bestia que sube del abismo hará guerra contra ellos, y los vencerá y los matará. Y sus cadáveres estarán en la plaza de la grande ciudad que en sentido espiritual se llama Sodoma y Egipto, donde también nuestro Señor fue crucificado. Y los de los pueblos, tribus, lenguas y naciones verán sus cadáveres por tres días y medio, y no permitirán que sean sepultados. Y los moradores de la tierra se regocijarán sobre ellos y se alegrarán, y se enviarán regalos unos a otros; porque estos dos profetas habían atormentado a los moradores de la tierra. Pero después de tres días y medio entró en ellos el espíritu de vida enviado por Dios, y se levantaron sobre sus pies, y cayó gran temor sobre los que los vieron. Y oyeron una gran voz del cielo, que les decía: Subid acá. Y subieron al cielo en una nube; y sus enemigos los vieron.

Zacarías 4:11-14

"Hablé más, y le dije: ¿Qué significan estos dos olivos a la derecha del candelabro y a su izquierda? Hablé aún de nuevo, y le dije: ¿Qué significan las dos ramas de olivo que por medio de dos tubos de oro vierten de sí aceite como oro? Y me respondió diciendo: ¿No sabes qué es esto? Y dije: Señor mío, no. Y él dijo: Estos son los dos ungidos que están delante del Señor de toda la tierra."

Apocalipsis 11:13-14

"En aquella hora hubo un gran terremoto, y la décima parte de la ciudad se derrumbó, y por el terremoto murieron en número de siete mil hombres; y los demás se aterrorizaron, y dieron gloria al Dios del cielo. El segundo ay pasó; he aquí, el tercer ay viene pronto."

Daniel 7:27

"Y que el reino, y el dominio y la majestad de los reinos debajo de todo el cielo, sea dado al pueblo de los santos del Altísimo, cuyo reino es reino eterno, y todos los dominios le servirán y obedecerán."

Isaías 9:7

"Lo dilatado de su imperio y la paz no tendrán límite, sobre el trono de David y sobre su reino, disponiéndolo y confirmándolo en juicio y en justicia desde ahora y para siempre. El celo de Jehová de los ejércitos hará esto."

Daniel 2:44

"Y en los días de estos reyes el Dios del cielo levantará un reino que no será jamás destruido, ni será el reino dejado a otro pueblo; desmenuzará y consumirá a todos estos reinos, pero él permanecerá para siempre.

Daniel 4:3

"Cuán grandes son sus señales, y cuán potentes sus maravillas! Su reino, reino sempiterno, y su señorío de generación en generación."

Daniel 7:13-14

"Miraba yo en la visión de la noche, y he aquí con las nubes del cielo venía uno como un hijo de hombre, que vino hasta el Anciano de días, y le hicieron acercarse delante de él. Y le fue dado dominio, gloria y reino, para que todos los pueblos, naciones y lenguas le sirvieran; su dominio es dominio eterno, que nunca pasará, y su reino uno que no será destruido."

Lucas 1:32-33

"Este será grande, y será llamado Hijo del Altísimo; y el Señor Dios le dará el trono de David su padre; y reinará sobre la casa de Jacob para siempre, y su reino no tendrá fin. 2

2ª Pedro 1:11

"Porque de esta manera os será otorgada amplia y generosa entrada en el reino eterno de nuestro Señor y Salvador Jesucristo."

Apocalipsis 11:17

"El séptimo ángel tocó la trompeta, y hubo grandes voces en el cielo, que decían: Los reinos del mundo han venido a ser de nuestro Señor y de su Cristo; y él reinará por los siglos de los siglos. Y los veinticuatro ancianos que estaban sentados delante de Dios en sus tronos, se postraron sobre sus rostros, y adoraron a Dios, diciendo: Te damos gracias, Señor Dios Todopoderoso, el que eres y que eras y que has de venir, porque has tomado tu gran poder, y has reinado."

Salmos 115:13

"Bendecirá a los que temen a Jehová, A pequeños y a grandes."

Apocalipsis 11:18-19

"Y se airaron las naciones, y tu ira ha venido, y el tiempo de juzgar a los muertos, y de dar el galardón a tus siervos los profetas, a los santos, y a los que temen tu nombre, a los pequeños y a los grandes, y de destruir a los que destruyen la tierra. Y el templo de Dios fue abierto en el cielo, y el arca de su pacto se veía en el templo. Y hubo relámpagos, voces, truenos, un terremoto y grande granizo"

Sofonías 1:15-18

"Día de ira aquel día, día de angustia y de aprieto, día de alboroto y de asolamiento, día de tiniebla y de oscuridad, día de nublado y de entenebrecimiento, Día de trompeta y de algazara sobre las ciudades fortificadas, y sobre las altas torres. Y atribularé a los hombres, y andarán como ciegos, porque pecaron contra Jehová; y la sangre de ellos será derramada como polvo, y su carne como estiércol. Ni su plata ni su oro podrá librarlos en el día de la ira de Jehová, pues toda la tierra será consumida con el fuego de su celo; porque ciertamente destrucción apresurada hará de todos los habitantes de la tierra."

Capítulo 6

ARMAGEDÓN Y EL GRAN TERREMOTO:

Viene un Gran Terremoto que se sentirá en todo el Mundo. Esta es la señal que define las Profecías del Fin del Mundo, la Venida de Cristo y el Armagedón. El terremoto será ocasionado por un movimiento tectónico mundial por la explosión de un gran volcán o varios volcanes y ocultará el sol, la luna y las estrellas y, por las nubes de magma, el cielo parece enrollarse en una nube y las islas y los montes son removidos; entonces viene Cristo con sus ángeles en el cielo y son recogidos todos los que le adoran (rescatados de la Gran Tribulación), primero los que fueron lavados en la sangre de Cristo Jesús, luego los judíos y los y gentiles que estén vivos cuan Él venga.

La guerra que se llevará a cabo en el valle de Armagedón, y que algunos piensan que será la tercera Guerra Mundial, será terminada en forma casi inmediata por el Señor Jesús. Nostrádamus profetiza 25 años para esta guerra, pero desde el punto de vista Bíblico, ni siquiera iniciará dicha guerra (ver Ezequiel 39 el día de la ira de Jehová).

Mateo 24:29-31

"E inmediatamente después de la tribulación de aquellos días, el sol se oscurecerá, y la luna no dará su resplandor, y las estrellas caerán del cielo, y las potencias de los cielos serán conmovidas. Entonces aparecerá la señal del Hijo del Hombre en el cielo; y entonces lamentarán todas las tribus de la tierra, y verán al Hijo del Hombre viniendo sobre las nubes del cielo, con poder y gran gloria. Y enviará sus ángeles con gran voz de trompeta, y juntarán a sus escogidos, de los cuatro vientos, desde un extremo del cielo hasta el otro."

Daniel 7:18

"Después recibirán el reino los santos del Altísimo, y poseerán el reino hasta el siglo, eternamente y para siempre."

Daniel 8:25

"Con su sagacidad hará prosperar el engaño en su mano; y en su corazón se engrandecerá, y sin aviso destruirá a muchos; y se levantará contra el Príncipe de los príncipes, pero será quebrantado, aunque no por mano humana. La visión de las tardes y mañanas que se ha referido es verdadera; y tú guarda la visión, porque es para muchos días."

Daniel 9:26

"Y después de las sesenta y dos semanas se quitará la vida al Mesías, mas no por sí; y el pueblo de un príncipe que ha de venir destruirá la ciudad y el santuario; y su fin será con inundación, y hasta el fin de la guerra durarán las devastaciones."

Daniel 11:20

"Y se levantará en su lugar uno que hará pasar un cobrador de tributos por la gloria del reino; pero en pocos días será quebrantado, aunque no en ira, ni en batalla. Y le sucederá en su lugar un hombre despreciable, al cual no darán la honra del reino; pero vendrá sin aviso y tomará el reino con halagos."

Apocalipsis 12:15-17

"Y la serpiente arrojó de su boca, tras la mujer, agua como un río, para que fuese arrastrada por el río. Pero la tierra ayudó a la mujer, pues la tierra abrió su boca y tragó el río que el dragón había echado de su boca. Entonces el dragón se llenó de ira contra la mujer; y se fue a hacer guerra contra el resto de la descendencia de ella, los que guardan los mandamientos de Dios y tienen el testimonio de Jesucristo."

Apocalipsis 6:12-17

"Miré cuando abrió el sexto sello, y he aquí hubo un gran terremoto; y el sol se puso negro como tela de cilicio, y la luna se volvió toda como sangre; Y las estrellas del cielo cayeron sobre la tierra, como la higuera deja caer sus higos cuando es sacudida por un fuerte viento.

Y el cielo se desvaneció como un pergamino que se enrolla; y todo monte y toda isla se removió de su lugar. Y los reyes de la tierra, y los grandes, los ricos, los capitanes, los poderosos, y todo siervo y todo libre, se escondieron en las cuevas y entre las peñas de los montes; y decían a los montes y a las peñas: Caed sobre nosotros, y escondednos del rostro de aquel que está sentado sobre el trono, y de la ira del Cordero; Porque el gran día de su ira ha llegado; ¿y quién podrá sostenerse en pie?"

Isaías 24

"He aquí que Jehová vacía la tierra y la desnuda, y trastorna su faz, y hace esparcir a sus moradores. Y sucederá así como al pueblo, también al sacerdote; como al siervo, así a su amo; como a la criada, a su ama; como al que compra, al que vende; como al que presta, al que toma prestado; como al que da a logro, así al que lo recibe. La tierra será enteramente vaciada, y completamente saqueada; porque Jehová ha pronunciado esta palabra. Se destruyó, cayó la tierra; enfermó, cayó el mundo; enfermaron los altos pueblos de la tierra. Y la tierra se contaminó bajo sus moradores; porque traspasaron las leyes, falsearon el derecho, quebrantaron el pacto sempiterno. Por esta causa la maldición consumió la tierra, y sus moradores fueron asolados; por esta causa fueron consumidos los habitantes de la tierra, y disminuyeron los hombres. Se perdió el vino, enfermó la vid, gimieron todos los que eran alegres de corazón. Cesó el regocijo de los panderos, se acabó el estruendo de los que se alegran, cesó la alegría del arpa. No beberán vino con cantar; la sidra les será amarga a los que la bebieren. Quebrantada está la ciudad por la vanidad; toda casa se ha cerrado, para que no entre nadie. Hay clamores por falta de vino en las *calles; todo gozo se oscureció, se desterró la alegría de la tierra. La ciudad quedó desolada, y con ruina fue derribada la puerta. Porque así será en medio de la tierra, en medio de los pueblos, como olivo sacudido, como rebuscos después de la vendimia. Estos alzarán su voz, cantarán gozosos por la grandeza de Jehová; desde el mar darán voces. Glorificad por esto a Jehová en los valles; en las orillas del mar sea nombrado Jehová Dios de Israel. De lo postrero de la tierra oímos cánticos: Gloria al justo. Y yo dije: ¡Mi desdicha, mi desdicha, ay de mí! Prevaricadores han prevaricado; y han prevaricado con prevaricación de desleales. Terror, foso y red sobre ti, oh morador de la tierra. Y acontecerá que el que huyere de la voz del terror caerá en el foso; y el que saliere de en medio del foso será preso en la red; porque de lo alto se abrirán ventanas, y temblarán los cimientos de la tierra. Será quebrantada del todo la tierra, enteramente desmenuzada será la tierra, en gran manera será la tierra conmovida. Temblará la tierra como un ebrio, y será removida como una choza; y se agravará sobre ella su pecado, y caerá, y nunca más se levantará. Acontecerá en aquel día, que Jehová castigará al ejército de los cielos en lo alto, y a los reyes de la tierra sobre la tierra. Y serán amontonados como se amontona a los encarcelados en mazmorra, y en prisión quedarán encerrados, y serán castigados después de muchos días. La luna se avergonzará, y el sol se confundirá, cuando Jehová de los ejércitos reine en el monte de Sion y en Jerusalén, y delante de sus ancianos sea glorioso."*

Hechos 2:16-21

"Mas esto es lo dicho por el profeta Joel: Y en los postreros días, dice Dios, Derramaré de mi Espíritu sobre toda carne, Y vuestros hijos y vuestras hijas profetizarán; Vuestros jóvenes verán visiones, Y vuestros ancianos soñarán sueños; Y de cierto sobre mis siervos y sobre mis siervas en aquellos días Derramaré de mi Espíritu, y profetizarán. Y daré prodigios arriba en el cielo, Y señales abajo en la tierra, Sangre y fuego y vapor de humo; El sol se convertirá en tinieblas, Y la luna en sangre, Antes que venga el día del Señor,

Grande y manifiesto; Y todo aquel que invocare el nombre del Señor, será salvo."

En párrafos anteriores hemos visto que El Anticristo pelea contra los Ángeles y con los Santos y los vence; en los versículos siguientes vemos que hace milagros o señales, seguramente al hacer descender estrellas, meteoritos y fuego de algún tipo; el caso es que es imposible hacer caer una estrella sobre la tierra el sol es una estrella, más bien sería una lluvia de estrellas, meteoritos o Ángeles.

Apocalipsis 13:11-17

Después vi otra bestia que subía de la tierra; y tenía dos cuernos semejantes a los de un cordero, pero hablaba como dragón.

Y ejerce toda la autoridad de la primera bestia en presencia de ella, y hace que la tierra y los moradores de ella adoren a la primera bestia, cuya herida mortal fue sanada.

También hace grandes señales, de tal manera que aun hace descender fuego del cielo a la tierra delante de los hombres.

"Y engaña a los moradores de la tierra con las señales que se le ha permitido hacer en presencia de la bestia, mandando a los moradores de la tierra que le hagan imagen a la bestia que tiene la herida de espada, y vivió. Y se le permitió infundir aliento a la imagen de la bestia, para que la imagen hablase e hiciese matar a todo el que no la adorase. Y hacía que a todos, pequeños y grandes, ricos y pobres, libres y esclavos, se les pusiese una marca en la mano derecha, o en la frente; Y que ninguno pudiese comprar ni vender, sino el que tuviese la marca o el nombre de la bestia, o el número de su nombre."

2ª Pedro 3:3-6

"Sabiendo primero esto, que en los postreros días vendrán burladores, andando según sus propias concupiscencias, Y diciendo: ¿Dónde está la promesa de su advenimiento? Porque desde el día en que los padres

durmieron, todas las cosas permanecen así como desde el principio de la creación. Estos ignoran voluntariamente, que en el tiempo antiguo fueron hechos por la palabra de Dios los cielos, y también la tierra, que proviene del agua y por el agua subsiste, por lo cual el mundo de entonces pereció anegado en agua;"

Ezequiel 7:26
"Quebrantamiento vendrá sobre quebrantamiento, y habrá rumor sobre rumor; y buscarán respuesta del profeta, mas la ley se alejará del sacerdote, y de los ancianos el consejo."

Mateo 24:25-27
"Ya os lo he dicho antes. Así que, si os dijeren: Mirad, está en el desierto, no salgáis; o mirad, está en los aposentos, no lo creáis. Porque como el relámpago que sale del oriente y se muestra hasta el occidente, así será también la venida del Hijo del Hombre."

Mateo 24:29-31
"E inmediatamente después de la tribulación de aquellos días, el sol se oscurecerá, y la luna no dará su resplandor, y las estrellas caerán del cielo, y las potencias de los cielos serán conmovidas. Entonces aparecerá la señal del Hijo del Hombre en el cielo; y entonces lamentarán todas las tribus de la tierra, y verán al Hijo del Hombre viniendo sobre las nubes del cielo, con poder y gran gloria. Y enviará sus ángeles con gran voz de trompeta, y juntarán a sus escogidos, de los cuatro vientos, desde un extremo del cielo hasta el otro."

Todos estos pasajes que hemos visto nos muestran que los cristianos estaremos presentes durante los 7 años de Tribulación: 3½ años antes de quitar el Continuo Sacrificio con tensión por las restricciones comerciales a los cristianos que no se dejen marcar, y 3 años y medio después. Después de estos 7 años vienen 45 días de Gran Tribulación hasta la Venida del Santo de Santos (CRISTOJESÚS).

Daniel 9:26-27

"Y después de las sesenta y dos semanas se quitará la vida al Mesías, mas no por sí; y el pueblo de un príncipe que ha de venir destruirá la ciudad y el santuario; y su fin será con inundación, y hasta el fin de la guerra durarán las devastaciones, Y por otra semana confirmará el pacto con muchos; a la mitad de la semana hará cesar el sacrificio y la ofrenda. Después con la muchedumbre de las abominaciones vendrá el desolador, hasta que venga la consumación, y lo que está determinado se derrame sobre el desolador".

Y esto sucederá en el día de la ira del Dios único y verdadero, el único Dios que dio testimonio a través de las maravillas hechas a su pueblo y que muchas de ellas se han validado por la historia y la arqueología. Estamos a meses o años de que empiece la construcción del tercer templo de Salomón y empiece la cuenta regresiva del fin de los tiempos. Estas señales serán las últimas pruebas de un Dios verdadero y amoroso.

Apocalipsis 20:1-4

"Vi a un ángel que descendía del cielo, con la llave del abismo, y una gran cadena en la mano. Y prendió al dragón, la serpiente antigua, que es el diablo y Satanás, y lo ató por mil años; Y lo arrojó al abismo, y lo encerró, y puso su sello sobre él, para que no engañase más a las naciones, hasta que fuesen cumplidos mil años; y después de esto debe ser desatado por un poco de tiempo. Y vi tronos, y se sentaron sobre ellos los que recibieron facultad de juzgar; y vi las almas de los decapitados por causa del testimonio de Jesús y por la palabra de Dios, los que no habían adorado a la bestia ni a su imagen, y que no recibieron la marca en sus frentes ni en sus manos; y vivieron y reinaron con Cristo mil años."

En resumen, hemos visto el orden en que se asocian todas las profecías bíblicas y, aunque no lo crean, algunas pocas no las comenté. Lea Mateo 24 y comparemos las profecías faltantes. En nuestros tiempos existen falsos profetas y cristos, las guerras son el pan de todos los días y cada día parece que estamos más cerca de la tercera guerra mundial, pero Cristo dice que no temamos porque no es el fin, aunque las hambrunas, enfermedades y terremotos seguirán en aumento; en esta etapa comienzan las señales de la mayoría de las profecías: los siniestros y las guerras ilustradas por los 4 jinetes del Apocalipsis. Todo esto Abre la puerta para la unión de las naciones para recuperar su economía y surge el Pacto Santo, organizado por el líder de estas naciones, la Bestia liquida al líder del Pacto Santo, uno de estos dos líderes empezará imponer la marca de la Bestia para que la gente pueda comprar y vender, ya que la economía mundial estará en quiebra; empezará la tribulación y la persecución, aumentarán los falsos profetas y, por la maldad del mundo, algunos cristianos se enfriaran, pero el que persevere hasta el fin será salvo, se predicará el Evangelio del reino en el mundo, todas las persecuciones a la iglesia habrán ocasionado un crecimiento del Cristianismo y, entonces, vendrá el fin.

La Bestia estará contra el Pacto Santo que hablará, seguramente, de la paz con Israel y de los permisos de edificación del Tercer Templo que será edificado en días angustiosos por las guerras, el patio del Templo donde está la Mezquita será cedido a los musulmanes o gentiles (terminado el templo el Continuo Sacrificio durará 3 ½ años), la Bestia romperá el Pacto Santo y tomará por la fuerza el ejército, la ciudad y el templo interrumpiendo el Continuo Sacrificio durante 1290 días, al final de este tiempo se da la Gran Abominación o la Abominación Desoladora (Daniel 12:11) y será bienaventurado el que llegue 1335 días. Al leer Mateo parece que los hechos son inmediatos pero viendo otras profecías hilamos los tiempos como en

Daniel 9:26-27, que dice que al final de las 69 semanas se aumenta una semana. Como sea, el aviso es que los de Judea huyan en cuanto sea tomada la ciudad porque viene gran tribulación como nunca la ha habido, por eso se acortan esos días de la venida de Cristo.

La Bestia Intentará hacerse pasar por Cristo desde el principio y tendrá un falso profeta que dirá de sí mismo que es el profeta Elías reencarnado, así como Juan el Bautista anunciaba a Jesús (Juan el Bautista era Elías reencarnado). La venida de Cristo es como el relámpago y nadie sabe a qué hora será, pero vendrá en forma repentina. Solo hay dos venidas de Cristo en las profecías de los judíos: el Mesías reinante y el Mesías humilde (esta última ya se cumplió); en Daniel 12:1-2, y 12:13 habla de tribulación a los anotados en el libro de la vida, los que duermen en el polvo resucitarán y dice que Daniel será levantado hasta el fin de los días y el arrebato es para todos los que duermen.

Mateo 24:29-31

"E inmediatamente después de la tribulación de aquellos días, el sol se oscurecerá, y la luna no dará su resplandor, y las estrellas caerán del cielo, y las potencias de los cielos serán conmovidas. Entonces aparecerá la señal del Hijo del Hombre en el cielo; y entonces lamentarán todas las tribus de la tierra, y verán al Hijo del Hombre viniendo sobre las nubes del cielo, con poder y gran gloria. Y enviará sus ángeles con gran voz de trompeta, y juntarán a sus escogidos, de los cuatro vientos, desde un extremo del cielo hasta el otro."

En Daniel 8:24 dice que la Bestia destruirá a los fuertes y al pueblo de los santos o cristianos, está hablando del periodo de los 2300 días que menciona Daniel 8:13-14, estas son las señales del día de la ira de Dios, solo falta un gran terremoto como nunca hubo y la lluvia de granizo y fuego, como se señala en Apocalipsis 8:7, 11:19, 16:21, Ezequiel 38:22 y Lucas 21:25-28.

Mateo 24:36

"Pero del día y la hora nadie lo sabe, ni aún los ángeles de los cielos, sino sólo mi Padre. Mas como en los días de Noé, así será la venida del Hijo del Hombre."

Los hombres no entendieron nada hasta que vino el diluvio y se los llevó a todos, así será también cuando venga Jesucristo, unos serán tomados y otros dejados, porque vendrá como ladrón de noche y, al que descuide la salvación, lo pondrá con los hipócritas, allí será el lloro y el crujir de dientes.

2ª Pedro 3:1-18

"Amados, esta es la segunda carta que os escribo, y en ambas despierto con exhortación vuestro limpio entendimiento, para que tengáis memoria de las palabras que antes han sido dichas por los santos profetas, y del mandamiento del Señor y Salvador dado por vuestros apóstoles; sabiendo primero esto, que en los postreros días vendrán burladores, andando según sus propias concupiscencias, Y diciendo: ¿Dónde está la promesa de su advenimiento? Porque desde el día en que los padres durmieron, todas las cosas permanecen así como desde el principio de la creación. Estos ignoran voluntariamente, que en el tiempo antiguo fueron hechos por la palabra de Dios los cielos, y también la tierra, que proviene del agua y por el agua subsiste, por lo cual el mundo de entonces pereció anegado en agua; Pero los cielos y la tierra que existen ahora, están reservados por la misma palabra, guardados para el fuego en el día del juicio y de la perdición de los hombres impíos. Más, oh amados, no ignoréis esto: que para con el Señor un día es como mil años, y mil años como un día. El Señor no retarda su promesa, según algunos la tienen por tardanza, sino que es paciente para con nosotros, no queriendo que ninguno perezca, sino que todos procedan

al arrepentimiento. Pero el día del Señor vendrá como ladrón en la noche; en el cual los cielos pasarán con grande estruendo, y los elementos ardiendo serán deshechos, y la tierra y las obras que en ella hay serán quemadas. Puesto que todas estas cosas han de ser deshechas, ¡cómo no debéis vosotros andar en santa y piadosa manera de vivir, esperando y apresurándoos para la venida del día de Dios, en el cual los cielos, encendiéndose, serán deshechos, y los elementos, siendo quemados, se fundirán! Pero nosotros esperamos, según sus promesas, cielos nuevos y tierra nueva, en los cuales mora la justicia. Por lo cual, oh amados, estando en espera de estas cosas, procurad con diligencia ser hallados por él sin mancha e irreprensibles, en paz. Y tened entendido que la paciencia de nuestro Señor es para salvación; como también nuestro amado hermano Pablo, según la sabiduría que le ha sido dada, os ha escrito, casi en todas sus epístolas, hablando en ellas de estas cosas; entre las cuales hay algunas difíciles de entender, las cuales los indoctos e inconstantes tuercen, como también las otras Escrituras, para su propia perdición. Así que vosotros, oh amados, sabiéndolo de antemano, guardaos, no sea que arrastrados por el error de los inicuos, caigáis de vuestra firmeza. Antes bien, creced en la gracia y el conocimiento de nuestro Señor y Salvador Jesucristo. A él sea gloria ahora y hasta el día de la eternidad. Amén."

Isaías 11:1-16

"Saldrá una vara del tronco de Isaí, y un vástago retoñará de sus raíces. Y reposará sobre él el Espíritu de Jehová; espíritu de sabiduría y de inteligencia, espíritu de consejo y de poder, espíritu de conocimiento y de temor de Jehová. Y le hará entender diligente en el temor de Jehová. No juzgará según la vista de sus ojos, ni argüirá por lo que oigan sus oídos; Sino que juzgará con justicia a los pobres, y argüirá con equidad por los mansos de la tierra; y herirá la tierra con la vara de su boca, y con el espíritu de sus labios matará al impío. Y será la justicia cinto de sus lomos, y la fidelidad ceñidor de su cintura. Morará el lobo con el cordero, y el leopardo con el cabrito se acostará; el becerro y el león y la bestia doméstica andarán juntos, y un niño los pastoreará. La vaca y la osa pacerán, sus crías se echarán juntas; y el león como el buey comerá paja. Y el niño de pecho jugará sobre la cueva del áspid, y el recién destetado extenderá su mano sobre la caverna de la víbora. No harán mal ni dañarán en todo mi santo monte; porque la tierra será llena del conocimiento de Jehová, como las aguas cubren el mar. Acontecerá en aquel tiempo que la raíz de Isaí, la cual estará puesta por pendón a los pueblos, será buscada por las gentes; y su habitación será gloriosa. Asimismo, acontecerá en aquel tiempo, que Jehová alzará otra vez su mano para recobrar el remanente de su pueblo que aún queden Asiria, Egipto, Patros, Etiopía, Elam, Sinar y Hamat, y en las costas del mar. Y levantará pendón a las naciones, y juntará los desterrados de Israel, y reunirá los esparcidos de Judá de los cuatro confines de la tierra. Y se disipará la envidia de Efraín, y los enemigos de Judá serán destruidos. Efraín no tendrá envidia de Judá, ni Judá afligirá a Efraín; Sino que volarán sobre los hombros de los filisteos al occidente, saquearán también a los de oriente; Edom y Moab les servirán, y los hijos de Amón los obedecerán. Y secará Jehová la lengua del mar de Egipto; y levantará su mano con el poder de su espíritu sobre el río, y lo herirá en sus siete brazos, y hará que pasen por él con sandalias. Y habrá camino para el remanente de su pueblo, el que quedó de Asiria, de la manera que lo hubo para Israel el día que subió de la tierra de Egipto."

Zacarías 14:5-20

"Y huiréis al valle de los montes, porque el valle de los montes llegará hasta Azal; huiréis de la manera que huisteis por causa del terremoto en los días de Uzías rey de Judá; y vendrá Jehová mi Dios, y con él todos los santos. Y acontecerá que en ese día no habrá luz clara, ni oscura. Será un día, el cual es conocido de Jehová, que no será ni día ni noche; pero sucederá que al caer la tarde habrá luz. Acontecerá también en aquel día, que saldrán de Jerusalén aguas vivas, la mitad de ellas hacia el mar oriental, y la otra mitad *hacia el mar occidental, en verano y en invierno. Y Jehová será rey sobre toda la tierra. En aquel día Jehová será uno, y uno su nombre. Toda la tierra se volverá como llanura desde Geba hasta Rimón al sur de Jerusalén; y ésta será enaltecida, y habitada en su lugar desde la puerta de Benjamín hasta el lugar de la puerta primera, hasta la puerta del Angulo, y desde la torre de Hananeel hasta los lagares del rey. Y morarán en ella, y no habrá nunca más maldición, sino que Jerusalén será habitada confiadamente. Y esta será la plaga con que herirá Jehová a todos los pueblos que pelearon contra Jerusalén: la carne de ellos se corromperá estando ellos sobre sus pies, y se consumirán en las cuencas sus ojos, y la lengua se les deshará en su boca. Y acontecerá en aquel día que habrá entre ellos gran pánico enviado por Jehová; y trabará cada uno de la mano de su compañero, y levantará su mano contra la mano de su compañero. Y Judá también peleará en Jerusalén. Y serán reunidas las riquezas de todas las naciones de alrededor: oro y plata, y ropas de vestir, en gran abundancia. Así también será la plaga de los caballos, de los mulos, de los camellos, de los asnos, y de todas las bestias que estuvieren en aquellos campamentos. Y todos los que sobrevivieren de las naciones que vinieron contra Jerusalén, subirán de año en año para adorar al Rey, a Jehová de los ejércitos, y a celebrar la fiesta de los tabernáculos. Y acontecerá que los de las familias de la tierra que no subieren a Jerusalén para adorar al Rey, Jehová de los ejércitos, no vendrá sobre ellos lluvia. Y si la familia de Egipto no subiere y no viniere, sobre ellos no habrá lluvia; vendrá la plaga con que Jehová herirá las naciones que no subieren a celebrar la fiesta de los tabernáculos. Esta será la pena del pecado de Egipto, y del pecado de todas las naciones que no subieren para celebrar la fiesta de los tabernáculos. En aquel día estará grabado sobre las campanillas de los caballos: SANTIDAD A JEHOVÁ; y las ollas de la casa de Jehová serán como los tazones del altar."*

Lucas 21:23-28

"Mas ¡ay de las que estén encintas, y de las que críen en aquellos días! porque habrá gran calamidad en la tierra, e ira sobre este pueblo. Y caerán a filo de espada, y serán llevados cautivos a todas las naciones; y Jerusalén será hollada por los gentiles, hasta que los tiempos de los gentiles se cumplan. Entonces habrá señales en el sol, en la luna y en las estrellas, y en la tierra angustia de las gentes, confundidas a causa del bramido del mar y de las olas; Desfalleciendo los hombres por el temor y la expectación de las cosas que sobrevendrán en la tierra; porque las potencias de los cielos serán conmovidas. Entonces verán al Hijo del Hombre, que vendrá en una nube con poder y gran gloria. Cuando estas cosas comiencen a suceder, erguíos y levantad vuestra cabeza, porque vuestra redención está cerca."

LOS DOS TESTIGOS Y LA BESTIA

Ezequiel 40:3
"Me llevó allí, y he aquí un varón, cuyo aspecto era como aspecto de bronce; y tenía un cordel de lino en su mano, y una caña de medir; y él estaba a la puerta."

Apocalipsis 11:1
"Entonces me fue dada una caña semejante a una vara de medir, y se me dijo: Levántate, y mide el templo de Dios, y el altar, y a los que adoran en él."

Lucas 21:24
"Y caerán a filo de espada, y serán llevados cautivos a todas las naciones; y Jerusalén será hollada por los gentiles, hasta que los tiempos de los gentiles se cumplan."

Apocalipsis 11:2-3
"Pero el patio que está fuera del templo déjalo aparte, y no lo midas, porque ha sido entregado a los gentiles; y ellos hollarán la ciudad santa cuarenta y

dos meses. Y daré a mis dos testigos que profeticen por mil doscientos sesenta días, vestidos de cilicio.

Zacarías 4:3

"Y junto a él dos olivos, el uno a la derecha del depósito, y el otro a su izquierda."

Zacarías 11:14

"Quebré luego el otro cayado, Ataduras, para romper la hermandad entre Judá e Israel."

Apocalipsis 11:4-5

"Estos testigos son los dos olivos, y los dos candeleros que están en pie delante del Dios de la tierra. Si alguno quiere dañarlos, sale fuego de la boca de ellos, y devora a sus enemigos; y si alguno quiere hacerles daño, debe morir él de la misma manera."

1ª Reyes 17:1

"Entonces Elías tisbita, que era de los moradores de Galaad, dijo a Acab: Vive Jehová Dios de Israel, en cuya presencia estoy, que no habrá lluvia ni rocío en estos años, sino por mi palabra."

Así como la bestia tiene poderes para hacer señales y milagros, así se da poder de hacer señales y plagas a los dos testigos (o los dos olivos) que hablarán en contra de la Bestia.

Apocalipsis 11:6

"Estos tienen poder para cerrar el cielo, a fin de que no llueva en los días de su profecía; y tienen poder sobre las aguas para convertirlas en sangre, y para herir la tierra con toda plaga, cuantas veces quieran."

Daniel 7:3

"Y cuatro bestias grandes, diferentes la una de la otra, subían del mar."

Apocalipsis 13:5-7

"También se le dio boca que hablaba grandes cosas y blasfemias; y se le dio autoridad para actuar cuarenta y dos meses. Y abrió su boca en blasfemias contra Dios, para blasfemar de su nombre, de su tabernáculo, y de los que moran en el cielo. Y se le permitió hacer guerra contra los santos, y vencerlos. También se le dio autoridad sobre toda tribu, pueblo, lengua y nación."

Apocalipsis 17:8

"La bestia que has visto, era, y no es; y está para subir del abismo e ir a perdición; y los moradores de la tierra, aquellos cuyos nombres no están escritos desde la fundación del mundo en el libro de la vida, se asombrarán viendo la bestia que era y no es, y será."

Daniel 7:21

"Y veía yo que este cuerno hacía guerra contra los santos, y los vencía."

Apocalipsis 11:7-12

"Cuando hayan acabado su testimonio, la bestia que sube del abismo hará guerra contra ellos, y los vencerá y los matará Y sus cadáveres estarán en la plaza de la grande ciudad que en sentido espiritual se llama Sodoma y Egipto, donde también nuestro Señor fue crucificado. Y los de los pueblos, tribus, lenguas y naciones verán sus cadáveres por tres días y medio, y no permitirán que sean sepultados. Y los moradores de la tierra se regocijarán sobre ellos y se alegrarán, y se enviarán regalos unos a otros; porque estos dos profetas habían atormentado a los moradores de la tierra. Pero después de tres días y medio entró en ellos el espíritu de vida enviado por Dios, y se levantaron sobre sus pies, y cayó gran temor sobre los que los vieron. Y

oyeron una gran voz del cielo, que les decía: Subid acá. Y subieron al cielo en una nube; y sus enemigos los vieron.”

Ezequiel 37:10

“Y profeticé como me había mandado, y entró espíritu en ellos, y vivieron, y estuvieron sobre sus pies; un ejército grande en extremo.”

2ª Reyes 2:11

“Y aconteció que yendo ellos y hablando, he aquí un carro de fuego con caballos de fuego apartó a los dos; y Elías subió al cielo en un torbellino.”

Cuando Dios les dice subid acá a estos Dos Testigos los llena de su Espíritu, sin él no hay resurrección, en forma casi inmediata sucede el Arrebato de toda la Iglesia y del pueblo de Israel; haciendo cuentas, son 1290 días desde que es quitado el Continuo Sacrificio hasta la Gran Abominación; si es bienaventurado el que llegue a 1335 días es porque suponemos que al final de este tiempo viene el señor Jesucristo y todos resucitaremos Y seremos transformados. Entonces si se les dio que predicaran a los Dos Olivos por 1260 días durante la segunda parte de la Tribulación hasta el Final de los Tiempos, pensaríamos que la resurrección de estos Olivos coincidiría también con la venida del Señor.

Apocalipsis 11:13-19

“En aquella hora hubo un gran terremoto, y la décima parte de la ciudad se derrumbó, y por el terremoto murieron en número de siete mil hombres; y los demás se aterrorizaron, y dieron gloria al Dios del cielo. El segundo ay pasó; he aquí, el tercer ay viene pronto. El séptimo ángel tocó la trompeta, y hubo grandes voces en el cielo, que decían: Los reinos del mundo han venido a ser de nuestro Señor y de su Cristo; y él reinará por los siglos de los siglos.

Y los veinticuatro ancianos que estaban sentados delante de Dios en sus tronos, se postraron sobre sus rostros, y adoraron a Dios, Diciendo: Te damos gracias, Señor Dios Todopoderoso, el que eres y que eras y que has de venir, porque has tomado tu gran poder, y has reinado. Y se airaron las naciones, y tu ira ha venido, y el tiempo de juzgar a los muertos, y de dar el galardón a tus siervos los profetas, a los santos, y a los que temen tu nombre, a los pequeños y a los grandes, y de destruir a los que destruyen la tierra. Y el templo de Dios fue abierto en el cielo, y el arca de su pacto se veía en el templo. Y hubo relámpagos, voces, truenos, un terremoto y grande granizo."

Joel 2:28-3:21

"Y después de esto derramaré mi Espíritu sobre toda carne, y profetizarán vuestros hijos y vuestras hijas; vuestros ancianos soñarán sueños, y vuestros jóvenes verán visiones. Y también sobre los siervos y sobre las siervas derramaré mi Espíritu en aquellos días. Y daré prodigios en el cielo y en la tierra, sangre, y fuego, y columnas de humo. El sol se convertirá en tinieblas, y la luna en sangre, antes que venga el día grande y espantoso de Jehová. Y todo aquel que invocare el nombre de Jehová será salvo; porque en el monte de Sion y en Jerusalén habrá salvación, como ha dicho Jehová, y entre el remanente al cual él habrá llamado. Porque he aquí que en aquellos días, y en aquel tiempo en que haré volver la cautividad de Judá y de Jerusalén, reuniré a todas las naciones, y las haré descender al valle de Josafat, y allí entraré en juicio con ellas a causa de mi pueblo, y de Israel mi heredad, a quien ellas esparcieron entre las naciones, y repartieron mi tierra; Y echaron suertes sobre mi pueblo, y dieron los niños por una ramera, y vendieron las niñas por vino para beber. Y también, ¿qué tengo yo con vosotras, Tiro y Sidón, y todo el territorio de Filistea? ¿Queréis vengaros de mí? Y si de mí os vengáis, bien pronto haré yo recaer la paga sobre vuestra cabeza. Porque habéis llevado mi plata y mi oro, y mis cosas preciosas y hermosas metisteis en vuestros templos; Y vendisteis los hijos de Judá y los

hijos de Jerusalén a los hijos de los griegos, para alejarlos de su tierra. He aquí yo los levantaré del lugar donde los vendisteis, y volveré vuestra paga sobre vuestra cabeza; Y venderé vuestros hijos y vuestras hijas a los hijos de Judá, y ellos los venderán a los sabeos, nación lejana; porque Jehová ha hablado. Proclamad esto entre las naciones, proclamad guerra, despertad a los valientes, acérquense, vengan todos los hombres de guerra. Forjad espadas de vuestros azadones, lanzas de vuestras hoces; diga el débil: Fuerte soy. Juntaos y venid, naciones todas de alrededor, y congregaos; haz venir allí, oh Jehová, a tus fuertes. Despiértense las naciones, y suban al valle de Josafat; porque allí me sentaré para juzgar a todas las naciones de alrededor. Echad la hoz, porque la mies está ya madura. Venid, descended, porque el lagar está lleno, rebosan las cubas; porque mucha es la maldad de ellos. Muchos pueblos en el valle de la decisión; porque cercano está el día de Jehová en el valle de la decisión. El sol y la luna se oscurecerán, y las estrellas retraerán su resplandor. Y Jehová rugirá desde Sion, y dará su voz desde Jerusalén, y temblarán los cielos y la tierra; pero Jehová será la esperanza de su pueblo, y la fortaleza de los hijos de Israel. Y conoceréis que yo soy Jehová vuestro Dios, que habito en Sion, mi santo monte; y Jerusalén será santa, y extraños no pasarán más por ella. Sucederá en aquel tiempo, que los montes destilarán mosto, y los collados fluirán leche, y por todos los arroyos de Judá correrán aguas; y saldrá una fuente de la casa de Jehová, y regará el valle de Sitim. Egipto será destruido, y Edom será vuelto en desierto asolado, por la injuria hecha a los hijos de Judá; porque derramaron en su tierra sangre inocente. Pero Judá será habitada para siempre, y Jerusalén por generación y generación. Y limpiaré la sangre de los que no había limpiado; y Jehová morará en Sion."

NOTA: El valle de Armagedón (Har Meggido)

La palabra Armagedón viene del hebreo Har (monte) y Meggido (ciudad o asentamiento antiquísimo en el Valle Israel). Meggido (Meguido), era una fortificación estratégica para defender el paso desde Siria (Asiria) o Hatti (hititas) hacia el otro gran imperio: Egipto. Existe aún hoy, en Meguido, un paso entre montes que era muy fácil de defender, a un lado del Mar Muerto, cerca de Jerusalén.

Apocalipsis 16

"Oí una gran voz que decía desde el templo a los siete ángeles: Id y derramad sobre la tierra las siete copas de la ira de Dios. Fue el primero, y derramó su copa sobre la tierra, y vino una úlcera maligna y pestilente sobre los hombres que tenían la marca de la bestia, y que adoraban su imagen. El segundo ángel derramó su copa sobre el mar, y éste se convirtió en sangre como de muerto; y murió todo ser vivo que había en el mar. El tercer ángel derramó su copa sobre los ríos, y sobre las fuentes de las aguas, y se convirtieron en sangre. Y oí al ángel de las aguas, que decía: Justo eres tú, oh Señor, el que eres y que eras, el Santo, porque has juzgado estas cosas. Por cuanto derramaron la sangre de los santos y de los profetas, también tú les has dado a beber sangre; pues lo merecen. También oí a otro, que desde el altar decía: Ciertamente, Señor Dios Todopoderoso, tus juicios son verdaderos y justos. El cuarto ángel derramó su copa sobre el sol, al cual fue dado quemar a los hombres con fuego. Y los hombres se quemaron con el gran calor, y blasfemaron el nombre de Dios, que tiene poder sobre estas plagas, y no se arrepintieron para darle gloria. El quinto ángel derramó su copa sobre el trono de la bestia; y su reino se cubrió de tinieblas, y mordían de dolor sus lenguas, Y blasfemaron contra el Dios del cielo por sus dolores y por sus úlceras, y no se arrepintieron de sus obras.

El sexto ángel derramó su copa sobre el gran río Éufrates; y el agua de éste se secó, para que estuviese preparado el camino a los reyes del oriente. Y vi salir de la boca del dragón, y de la boca de la bestia, y de la boca del falso profeta, tres espíritus inmundos a manera de ranas; Pues son espíritus de demonios, que hacen señales, y van a los reyes de la tierra en todo el mundo, para reunirlos a la batalla de aquel gran día del Dios Todopoderoso. He aquí, yo vengo como ladrón. Bienaventurado el que vela, y guarda sus ropas, para que no ande desnudo, y vean su vergüenza. Y los reunió en el lugar que en hebreo se llama Armagedón.

El séptimo ángel derramó su copa por el aire; y salió una gran voz del templo del cielo, del trono, diciendo: Hecho está. Entonces hubo relámpagos y voces y truenos, y un gran temblor de tierra, un terremoto tan grande, cual no lo hubo jamás desde que los hombres han estado sobre la tierra. Y la gran ciudad fue dividida en tres partes, y las ciudades de las naciones cayeron; y la gran Babilonia vino en memoria delante de Dios, para darle el cáliz del vino del ardor de su ira. Y toda isla huyó, y los montes no fueron hallados. Y cayó del cielo sobre los hombres un enorme granizo como del peso de un talento; y los hombres blasfemaron contra Dios por la plaga del granizo; porque su plaga fue sobremanera grande."

2ª Pedro 3:7-14

"Pero los cielos y la tierra que existen ahora, están reservados por la misma palabra, guardados para el fuego en el día del juicio y de la perdición de los hombres impíos. Más, oh amados, no ignoréis esto: que para con el Señor un día es como mil años, y mil años como un día. El Señor no retarda su promesa, según algunos la tienen por tardanza, sino que es paciente para con nosotros, no queriendo que ninguno perezca, sino que todos procedan al arrepentimiento. Pero el día del Señor vendrá como ladrón en la noche; en el cual los cielos pasarán con grande estruendo, y los elementos ardiendo serán deshechos, y la tierra y las obras que en ella hay serán quemadas. Puesto que todas estas cosas han de ser deshechas, ¡cómo no debéis vosotros andar en santa y piadosa manera de vivir, Esperando y apresurándoos para la venida del día de Dios, en el cual los cielos, encendiéndose, serán deshechos, y los elementos, siendo quemados, se fundirán! Pero nosotros esperamos, según sus promesas, cielos nuevos y

tierra nueva, en los cuales mora la justicia. Por lo cual, oh amados, estando en espera de estas cosas, procurad con diligencia ser hallados por él sin mancha e irreprensibles, en paz."

NUEVA JERUSALEN

Isaías 65:17-25

"Porque he aquí que yo crearé nuevos cielos y nueva tierra; y de lo primero no habrá memoria, ni más vendrá al pensamiento. Mas os gozaréis y os alegraréis para siempre en las cosas que yo he creado; porque he aquí que yo traigo a Jerusalén alegría, y a su pueblo gozo. Y me alegraré con Jerusalén, y me gozaré con mi pueblo; y nunca más se oirán en ella voz de lloro, ni voz de clamor. No habrá más allí niño que muera de pocos días, ni viejo que sus días no cumpla; porque el niño morirá de cien años, y el pecador de cien años será maldito. Edificarán casas, y morarán en ellas; plantarán viñas, y comerán el fruto de ellas. No edificarán para que otro habite, ni plantarán para que otro coma; porque según los días de los árboles serán los días de mi pueblo, y mis escogidos disfrutarán la obra de sus manos. No trabajarán en vano, ni darán a luz para maldición; porque son linaje de los benditos de Jehová, y sus descendientes con ellos. Y antes que clamen, responderé yo; mientras aún hablan, yo habré oído. El lobo y el cordero serán apacentados juntos, y el león comerá paja como el buey; y el polvo será el alimento de la serpiente. No afligirán, ni harán mal en todo mi santo monte, dijo Jehová. "

Isaías 14:1-32

"Porque Jehová tendrá piedad de Jacob, y todavía escogerá a Israel, y lo hará reposar en su tierra; y a ellos se unirán extranjeros, y se juntarán a la familia de Jacob. Y los tomarán los pueblos, y los traerán a su lugar; y la casa de Israel los poseerá por siervos y criadas en la tierra de Jehová; y cautivarán a los que los cautivaron, y señorearán sobre los que los oprimieron. Y en el día que Jehová te dé reposo de tu trabajo y de tu temor, y de la dura servidumbre en que te hicieron servir, Pronunciarás este proverbio contra el rey de Babilonia, y dirás: ¡Cómo paró el opresor, cómo acabó la ciudad codiciosa de oro! Quebrantó Jehová el báculo de los impíos, el cetro de los señores; El que hería a los pueblos con furor, con llaga permanente, el que se enseñoreaba de las naciones con ira, y las perseguía con crueldad. Toda la tierra está en reposo y en paz; se cantaron alabanzas. Aun los cipreses se regocijaron a causa de ti, y los cedros del Líbano, diciendo: Desde que tú pereciste, no ha subido cortador contra nosotros. El Seol abajo se espantó de ti; despertó muertos que en tu venida saliesen a recibirte, hizo levantar de sus sillas a todos los príncipes de la tierra, a todos los reyes de las naciones. Todos ellos darán voces, y te dirán: ¿Tú también te debilitaste como nosotros, y llegaste a ser como nosotros? Descendió al Seol tu soberbia, y el sonido de tus arpas; gusanos serán tu cama, y gusanos te cubrirán. ¡Cómo caíste del cielo, oh Lucero, hijo de la mañana! Cortado fuiste por tierra, tú que debilitabas a las naciones. Tú que decías en tu corazón: Subiré al cielo; en lo alto, junto a las estrellas de Dios, levantaré mi trono, y en el monte del testimonio me sentaré, a los lados del norte; Sobre las alturas de las nubes subiré, y seré semejante al Altísimo. Mas tú derribado eres hasta el Seol, a los lados del abismo. Se inclinarán hacia ti los que te vean, te contemplarán, diciendo: ¿Es éste aquel varón que hacía temblar la tierra, que trastornaba los reinos; Que puso el mundo como un desierto, que asoló sus ciudades, que a sus presos nunca abrió la cárcel? Todos los reyes de las naciones, todos ellos yacen con honra cada uno en su morada; pero tú echado eres de tu sepulcro como vástago abominable, como vestido de muertos pasados a espada, que descendieron al fondo de la sepultura; como cuerpo muerto hollado. No serás contado con ellos en la sepultura; porque tú destruiste tu tierra, mataste a tu pueblo. No será nombrada para siempre la descendencia de los malignos. Preparad sus hijos para el matadero, por la maldad de sus padres; no se levanten, ni posean la tierra, ni llenen de ciudades la faz del mundo. Porque yo me levantaré contra ellos, dice Jehová de los ejércitos, y raeré de Babilonia el nombre y el remanente, hijo y nieto, dice Jehová. Y la convertiré en posesión de erizos, y en lagunas de agua; yla barreré con escobas de destrucción, dice Jehová de los ejércitos. Jehová de los ejércitos juró diciendo: Ciertamente se hará de la manera que lo he pensado, y será confirmado como lo he determinado; Que quebrantaré al asirio en mi tierra, y en mis montes lo hollaré; y su yugo será apartado de ellos, y su carga será quitada de su hombro. Este es el consejo que está acordado sobre toda la tierra, y esta, la mano extendida sobre todas las naciones. Porque Jehová de los ejércitos lo ha determinado, ¿y quién lo impedirá? Y su mano extendida, ¿quién la hará retroceder? En el año que murió el rey Acaz fue esta profecía: No te alegres tú, Filistea toda, por haberse quebrado la vara del que te hería; porque de la raíz de la culebra saldrá áspid, y su fruto, serpiente voladora. Y los primogénitos de los pobres serán apacentados, y los menesterosos se acostarán confiados; mas yo haré morir de hambre tu raíz, y destruiré lo que de ti quedare. Aúlla, oh puerta; clama, oh ciudad; disuelta estás toda tú, Filistea; porque humo vendrá del norte, no quedará uno solo en sus asambleas. ¿Y qué se responderá a los mensajeros de las naciones? Que Jehová fundó a Sion, y que a ella se acogerán los afligidos de su pueblo. "

Capítulo 7

EL APOCALIPSIS 1

Para una mayor comprensión del Apocalipsis, resaltaremos los versículos importantes y los compararemos con las profecías de otros profetas, las citas de estas profecías están debajo de los versículos correspondientes.

La revelación de Jesucristo.

Apocalipsis 1
1La revelación de Jesucristo, que Dios le dio, para manifestar a sus siervos las cosas que deben suceder pronto; y la declaró enviándola por medio de su ángel a su siervo Juan,
2Que ha dado testimonio de la palabra de Dios, y del testimonio de Jesucristo, y de todas las cosas que ha visto.
3Bienaventurado el que lee, y los que oyen las palabras de esta profecía, y guardan las cosas en ella escritas; porque el tiempo está cerca.
Daniel 9:24, Marcos 1:15, Gálatas 4:4, Efesios 1:10, 1ª Timoteo 2:6, Tito 1:3, Hebreos 9:26
4Juan, a las siete iglesias que están en Asia: Gracia y paz a vosotros, del que es y que era y que ha de venir, y de los siete espíritus que están delante de su trono;
Salmos 45:6, 103:19, Isaías 66:1, Mateo 5:34, Apocalipsis 4:2, 20:11
5Y de Jesucristo el testigo fiel, el primogénito de los muertos, y el soberano de los reyes de la tierra. Al que nos amó, y nos lavó de nuestros pecados con su sangre,
Salmos 89:27, 1ª Tesalonicenses 6:15, Apocalipsis 1:5, Apocalipsis 17:14, Apocalipsis 19:16
6Y nos hizo reyes y sacerdotes para Dios, su Padre; a él sea gloria e imperio por los siglos de los siglos. Amén.
Éxodo 19:6, Apocalipsis 5:10

7He aquí que viene con las nubes, y todo ojo le verá, y los que le traspasaron; y todos los linajes de la tierra harán lamentación por él. Sí, amén.

Daniel 7:13, Mateo 24:30, Marcos 13:26, Lucas 21:27, 1ª Tesalonicenses 4:17, Zacarías 12:10, Juan 19:34-37, Zacarías 12:10-14, Mateo 24:30

8Yo soy el Alfa y la Omega, principio y fin, dice el Señor, el que es y que era y que ha de venir, el Todopoderoso.

Apocalipsis 22:13, Éxodo 3:14

9Yo Juan, vuestro hermano, y copartícipe vuestro en la tribulación, en el reino y en la paciencia de Jesucristo, estaba en la isla llamada Patmos, por causa de la palabra de Dios y el testimonio de Jesucristo.

10Yo estaba en el Espíritu en el día del Señor, y oí detrás de mí una gran voz como de trompeta,

11Que decía: Yo soy el Alfa y la Omega, el primero y el último. Escribe en un libro lo que ves, y envíalo a las siete iglesias que están en Asia: a Éfeso, Esmirna, Pérgamo, Tiatira, Sardis, Filadelfia y Laodicea.

12Y me volví para ver la voz que hablaba conmigo; y vuelto, vi siete candeleros de oro,

13Y en medio de los siete candeleros, a uno semejante al Hijo del Hombre, vestido de una ropa que llegaba hasta los pies, y ceñido por el pecho con un cinto de oro.

Daniel 7:13, 10:5

14Su cabeza y sus cabellos eran blancos como blanca lana, como nieve; sus ojos como llama de fuego;

Daniel 7:9

15Y sus pies semejantes al bronce bruñido, refulgente como en un horno; y su voz como estruendo de muchas aguas.

Daniel 10:6, Ezequiel 1:24

16Tenía en su diestra siete estrellas; de su boca salía una espada aguda de dos filos; y su rostro era como el sol cuando resplandece en su fuerza.

17Cuando le vi, caí como muerto a sus pies. Y él puso su diestra sobre mí, diciéndome: No temas; yo soy el primero y el último;

Apocalipsis 2:8, 22:13, Isaías 44:6, 48:12

18Y el que vivo, y estuve muerto; mas he aquí que vivo por los siglos de los siglos, amén. Y tengo las llaves de la muerte y del Hades.

19Escribe las cosas que has visto, y las que son, y las que han de ser después de estas.

20El misterio de las siete estrellas que has visto en mi diestra, y de los siete candeleros de oro: las siete estrellas son los ángeles de las siete iglesias, y los siete candeleros que has visto, son las siete iglesias.

Mensaje para las Iglesias en Éfeso, Esmirna, Pérgamo y Tiatira

Apocalipsis 2

1Escribe al ángel de la iglesia en Éfeso: El que tiene las siete estrellas en su diestra, el que anda en medio de los siete candeleros de oro, dice esto:

2Yo conozco tus obras, y tu arduo trabajo y paciencia; y que no puedes soportar a los malos, y has probado a los que se dicen ser apóstoles, y no lo son, y los has hallado mentirosos;

3Y has sufrido, y has tenido paciencia, y has trabajado arduamente por amor de mi nombre, y no has desmayado.

4Pero tengo contra ti, que has dejado tu primer amor.

5Recuerda, por tanto, de dónde has caído, y arrepiéntete, y haz las primeras obras; pues si no, vendré pronto a ti, y quitaré tu candelero de su lugar, si no te hubieres arrepentido.

6Pero tienes esto, que aborreces las obras de los nicolaítas, las cuales yo también aborrezco.

7El que tiene oído, oiga lo que el Espíritu dice a las iglesias. Al que venciere, le daré a comer del árbol de la vida, el cual está en medio del paraíso de Dios.

Génesis 2:9, Apocalipsis 22:2

8Y escribe al ángel de la iglesia en Esmirna: El primero y el postrero, el que estuvo muerto y vivió, dice esto:

Isaías 44:6, 48:12, Apocalipsis 1:17, 22:13

9Yo conozco tus obras, y tu tribulación, y tu pobreza (pero tú eres rico), y la blasfemia de los que se dicen ser judíos, y no lo son, sino sinagoga de Satanás.

Deuteronomio 4:30, Mateo 24:21, Juan 16:33, Hechos 14:22, Romanos 5:3, 1ª Tesalonicenses 3:4, Apocalipsis 2:9, 7:14

10No temas en nada lo que vas a padecer. He aquí, el diablo echará a algunos de vosotros en la cárcel, para que seáis probados, y tendréis tribulación por diez días. Sé fiel hasta la muerte, y yo te daré la corona de la vida.

Mateo 10:17, 24:9, Lucas 21:12, Juan 15:20, 16:2, 2ª Tito 3:12

11El que tiene oído, oiga lo que el Espíritu dice a las iglesias. El que venciere, no sufrirá daño de la segunda muerte.

Apocalipsis 20:14, 21:8

12Y escribe al ángel de la iglesia en Pérgamo: El que tiene la espada aguda de dos filos dice esto:

13Yo conozco tus obras, y dónde moras, donde está el trono de Satanás; pero retienes mi nombre, y no has negado mi fe, ni aun en los días en que Antipas mi testigo fiel fue muerto entre vosotros, donde mora Satanás.

14Pero tengo unas pocas cosas contra ti: que tienes ahí a los que retienen la doctrina de Balaam, que enseñaba a Balac a poner tropiezo ante los hijos de Israel, a comer de cosas sacrificadas a los ídolos, y a cometer fornicación.

Números 25:1-3, 31:16

15Y también tienes a los que retienen la doctrina de los nicolaítas, la que yo aborrezco.

16Por tanto, arrepiéntete; pues si no, vendré a ti pronto, y pelearé contra ellos con la espada de mi boca.

17El que tiene oído, oiga lo que el Espíritu dice a las iglesias. Al que venciere, daré a comer del maná escondido, y le daré una piedrecita blanca, *y en la piedrecita escrito un nombre nuevo, el cual ninguno conoce sino aquel que lo recibe.*

Éxodo 16:14-15

18Y escribe al ángel de la iglesia en Tiatira: El Hijo de Dios, el que tiene ojos como llama de fuego, y pies semejantes al bronce bruñido, dice esto:

19Yo conozco tus obras, y amor, y fe, y servicio, y tu paciencia, y que tus obras postreras son más que las primeras.

20Pero tengo unas pocas cosas contra ti: que toleras que esa mujer Jezabel, que se dice profetisa, enseñe y seduzca a mis siervos a fornicar y a comer cosas sacrificadas a los ídolos.

1ª Reyes 16:31, 2ª Reyes 9:22 y 30

21Y le he dado tiempo para que se arrepienta, pero no quiere arrepentirse de su fornicación.

22He aquí, yo la arrojo en cama, y en gran tribulación a los que con ella adulteran, si no se arrepienten de las obras de ella.

23Y a sus hijos heriré de muerte, y todas las iglesias sabrán que yo soy el que escudriña la mente y el corazón; y os daré a cada uno según vuestras obras.

Salmos 7:9, Isaías 17:10, Salmos 62:12

24Pero a vosotros y a los demás que están en Tiatira, a cuantos no tienen esa doctrina, y no han conocido lo que ellos llaman las profundidades de Satanás, yo os digo: No os impondré otra carga;

25Pero lo que tenéis, retenedlo hasta que yo venga.

26Al que venciere y guardare mis obras hasta el fin, yo le daré autoridad sobre las naciones,

27y las regirá con vara de hierro, y serán quebradas como vaso de alfarero; como yo también la he recibido de mi Padre;

Salmos 2:8-9

28Y le daré la estrella de la mañana.

29El que tiene oído, oiga lo que el Espíritu dice a las iglesias.

Mensaje para las Iglesias en Sardis, Filadelfia y Laodicea

Apocalipsis 3

1Escribe al ángel de la iglesia en Sardis: El que tiene los siete espíritus de Dios, y las siete estrellas, dice esto: Yo conozco tus obras, que tienes nombre de que vives, y estás muerto.

2Sé vigilante, y afirma las otras cosas que están para morir; porque no he hallado tus obras perfectas delante de Dios.

3Acuérdate, pues, de lo que has recibido y oído; y guárdalo, y arrepiéntete. Pues si no velas, vendré sobre ti como ladrón, y no sabrás a qué hora vendré sobre ti.

Mateo 24:43-44, Lucas 12:39-40, Apocalipsis 16:15

4Pero tienes unas pocas personas en Sardis que no han manchado sus vestiduras; y andarán conmigo en vestiduras blancas, porque son dignas.

5El que venciere será vestido de vestiduras blancas; y no borraré su nombre del libro de la vida, y confesaré su nombre delante de mi Padre, y delante de sus ángeles.

Éxodo 32:32-33, Salmos 69:28, Apocalipsis 20:12, Mateo 10:32, Lucas 12:8

6El que tiene oído, oiga lo que el Espíritu dice a las iglesias.

7Escribe al ángel de la iglesia en Filadelfia: Esto dice el Santo, el Verdadero, el que tiene la llave de David, el que abre y ninguno cierra, y cierra y ninguno abre:

Isaías 22:22

8Yo conozco tus obras; he aquí, he puesto delante de ti una puerta abierta, la cual nadie puede cerrar; porque aunque tienes poca fuerza, has guardado mi palabra, y no has negado mi nombre.

9He aquí, yo entrego de la sinagoga de Satanás a los que se dicen ser judíos y no lo son, sino que mienten; he aquí, yo haré que vengan y se postren a tus pies, y reconozcan que yo te he amado.

Isaías 60:14

10Por cuanto has guardado la palabra de mi paciencia, yo también te guardaré de la hora de la prueba que ha de venir sobre el mundo entero, para probar a los que moran sobre la tierra.

11He aquí, yo vengo pronto; retén lo que tienes, para que ninguno tome tu corona.

12Al que venciere, yo lo haré columna en el templo de mi Dios, y nunca más saldrá de allí; y escribiré sobre él el nombre de mi Dios, y el nombre de la ciudad de mi Dios, la nueva Jerusalén, la cual desciende del cielo, de mi Dios, y mi nombre nuevo.

Apocalipsis 21:2

13El que tiene oído, oiga lo que el Espíritu dice a las iglesias.

14Y escribe al ángel de la iglesia en Laodicea: He aquí el Amén, el testigo fiel y verdadero, el principio de la creación de Dios, dice esto:

15Yo conozco tus obras, que ni eres frío ni caliente. ¡Ojalá fueses frío o caliente!

16Pero por cuanto eres tibio, y no frío ni caliente, te vomitaré de mi boca.

17Porque tú dices: Yo soy rico, y me he enriquecido, y de ninguna cosa tengo necesidad; y no sabes que tú eres un desventurado, miserable, pobre, ciego y desnudo.

18Por tanto, yo te aconsejo que de mí compres oro refinado en fuego, para que seas rico, y vestiduras blancas para vestirte, y que no se descubra la vergüenza de tu desnudez; y unge tus ojos con colirio, para que veas.

19Yo reprendo y castigo a todos los que amo; sé, pues, celoso, y arrepiéntete.

1ª Pedro 3:12

20He aquí, yo estoy a la puerta y llamo; si alguno oye mi voz y abre la puerta, entraré a él, y cenaré con él, y él conmigo.

21Al que venciere, le daré que se siente conmigo en mi trono, así como yo he vencido, y me he sentado con mi Padre en su trono.

22El que tiene oído, oiga lo que el Espíritu dice a las iglesias.

Apocalipsis 4

1Después de esto miré, y he aquí una puerta abierta en el cielo; y la primera voz que oí, como de trompeta, hablando conmigo, dijo: Sube acá, y yo te mostraré las cosas que sucederán después de estas.

2Y al instante yo estaba en el Espíritu; y he aquí, un trono establecido en el cielo, y en el trono, uno sentado.

3Y el aspecto del que estaba sentado era semejante a piedra de jaspe y de cornalina; y había alrededor del trono un arco iris, semejante en aspecto a la esmeralda.

Ezequiel1:26-28, 10:1

4Y alrededor del trono había veinticuatro tronos; y vi sentados en los tronos a veinticuatro ancianos, vestidos de ropas blancas, con coronas de oro en sus cabezas.

5Y del trono salían relámpagos y truenos y voces; y delante del trono ardían siete lámparas de fuego, las cuales son los siete espíritus de Dios.

Éxodo 19:16, Apocalipsis 8:5, 11:19, 16:18, Ezequiel 1:13, Apocalipsis 1:4, 1ª Samuel 12:18, Apocalipsis 4:5, Éxodo 20:18, 2ª Samuel 22:15, Job 37:3, 38:35, Salmos18:14, Nahúm 2:4, Mateo 24:27, Apocalipsis 4:5

6Y delante del trono había como un mar de vidrio semejante al cristal; y junto al trono, y alrededor del trono, cuatro seres vivientes llenos de ojos delante y detrás.

Ezequiel 1:22

7El primer ser viviente era semejante a un león; el segundo era semejante a un becerro; el tercero tenía rostro como de hombre; y el cuarto era semejante a un águila volando.

Ezequiel 1:5-10, 10:14

8Y los cuatro seres vivientes tenían cada uno seis alas, y alrededor y por dentro estaban llenos de ojos; y no cesaban día y noche de decir: Santo,

santo, santo es el Señor Dios Todopoderoso, el que era, el que es, y el que ha de venir.

Ezequiel 1:18, 10:12, Isaías 6:2-3

9Y siempre que aquellos seres vivientes dan gloria y honra y acción de gracias al que está sentado en el trono, al que vive por los siglos de los siglos,

10los veinticuatro ancianos se postran delante del que está sentado en el trono, y adoran al que vive por los siglos de los siglos, y echan sus coronas delante del trono, diciendo:

11Señor, digno eres de recibir la gloria y la honra y el poder; porque tú creaste todas las cosas, y por tu voluntad existen y fueron creadas.

El Cordero abre el libro

Apocalipsis 5

1Y vi en la mano derecha del que estaba sentado en el trono un libro escrito por dentro y por fuera, sellado con siete sellos.

Ezequiel 2:9-10

2Y vi a un ángel fuerte que pregonaba a gran voz: ¿Quién es digno de abrir el libro y desatar sus sellos?

3Y ninguno, ni en el cielo ni en la tierra ni debajo de la tierra, podía abrir el libro, ni aun mirarlo.

4Y lloraba yo mucho, porque no se había hallado a ninguno digno de abrir el libro, ni de leerlo, ni de mirarlo.

5Y uno de los ancianos me dijo: No llores. He aquí que el León de la tribu de Judá, la raíz de David, ha vencido para abrir el libro y desatar sus siete sellos.

Génesis 49:9-10, Isaías 11:1

6Y miré, y vi que en medio del trono y de los cuatro seres vivientes, y en medio de los ancianos, estaba en pie un Cordero como inmolado, que tenía siete cuernos, y siete ojos, los cuales son los siete espíritus de Dios enviados por toda la tierra.

Isaías 53:7, Zacarías 4:10

7Y vino, y tomó el libro de la mano derecha del que estaba sentado en el trono.

8Y cuando hubo tomado el libro, los cuatro seres vivientes y los veinticuatro ancianos se postraron delante del Cordero; todos tenían arpas, y copas de oro llenas de incienso, que son las oraciones de los santos;

Salmos 141:2

9y cantaban un nuevo cántico, diciendo: Digno eres de tomar el libro y de abrir sus sellos; porque tú fuiste inmolado, y con tu sangre nos has redimido para Dios, de todo linaje y lengua y pueblo y nación;

10Y nos has hecho para nuestro Dios reyes y sacerdotes, y reinaremos sobre la tierra.

Éxodo 19:6, Apocalipsis 1:6

11Y miré, y oí la voz de muchos ángeles alrededor del trono, y de los seres vivientes, y de los ancianos; y su número era millones de millones,

Daniel 7:10

12Que decían a gran voz: El Cordero que fue inmolado es digno de tomar el poder, las riquezas, la sabiduría, la fortaleza, la honra, la gloria y la alabanza.

13Y a todo lo creado que está en el cielo, y sobre la tierra, y debajo de la tierra, y en el mar, y a todas las cosas que en ellos hay, oí decir: Al que está sentado en el trono, y al Cordero, sea la alabanza, la honra, la gloria y el poder, por los siglos de los siglos.

14Los cuatro seres vivientes decían: Amén; y los veinticuatro ancianos se postraron sobre sus rostros y adoraron al que vive por los siglos de los siglos.

El cordero abre los siete sellos

Apocalipsis 6

1Vi cuando el Cordero abrió uno de los sellos, y oí a uno de los cuatro seres vivientes decir como con voz de trueno: Ven y mira.

2Y miré, y he aquí un caballo blanco; y el que lo montaba tenía un arco; y le fue dada una corona, y salió venciendo, y para vencer.

Zacarías 1:8, 6:3

3Cuando abrió el segundo sello, oí al segundo ser viviente, que decía: Ven y mira.

4Y salió otro caballo, bermejo; y al que lo montaba le fue dado poder de quitar de la tierra la paz, y que se Matasen unos a otros; y se le dio una gran espada.

Zacarías 1:8, 6:2, 1ª Tesalonicenses 5:3

5Cuando abrió el tercer sello, oí al tercer ser viviente, que decía: Ven y mira. Y miré, y he aquí un caballo negro; y el que lo montaba tenía una balanza en la mano.

Zacarías 6:2 y 6

6Y oí una voz de en medio de los cuatro seres vivientes, que decía: Dos libras de trigo por un denario, y seis libras de cebada por un denario; pero no dañes el aceite ni el vino.

7Cuando abrió el cuarto sello, oí la voz del cuarto ser viviente, que decía: Ven y mira.

Daniel 12:9, Apocalipsis 10:4

8Miré, y he aquí un caballo amarillo, y el que lo montaba tenía por nombre Muerte, y el Hades le seguía; y le fue dada potestad sobre la cuarta parte de la tierra, para Matar con espada, con hambre, con mortandad, y con las fieras de la tierra.

Jeremías 15:3, Ezequiel 5:12 y 17, 14:21

9Cuando abrió el quinto sello, vi bajo el altar las almas de los que habían sido muertos por causa de la palabra de Dios y por el testimonio que tenían.

10Y clamaban a gran voz, diciendo: ¿Hasta cuándo, Señor, santo y verdadero, no juzgas y vengas nuestra sangre en los que moran en la tierra?

11Y se les dieron vestiduras blancas, y se les dijo que descansasen todavía un poco de tiempo, hasta que se completara el número de sus consiervos y sus hermanos, que también habían de ser muertos como ellos.

12Miré cuando abrió el sexto sello, y he aquí hubo un gran terremoto; y el sol se puso negro como tela de cilicio, y la luna se volvió toda como sangre;
Apocalipsis 11:13, 16:18

13Y las estrellas del cielo cayeron sobre la tierra, como la higuera deja caer sus higos cuando es sacudida por un fuerte viento.
Isaías 13:10, Ezequiel 32:7, Joel 2:31, Mateo 24:29, Marcos 13:24-25, Lucas 21:25

14Y el cielo se desvaneció como un pergamino que se enrolla; y todo monte y toda isla se removió de su lugar.
Isaías 34:4, Apocalipsis 16:20

15Y los reyes de la tierra, y los grandes, los ricos, los capitanes, los poderosos, y todo siervo y todo libre, se escondieron en las cuevas y entre las peñas de los montes;
 Isaías 2:10

16y decían a los montes y a las peñas: Caed sobre nosotros, y escóndenos del rostro de aquel que está sentado sobre el trono, y de la ira del Cordero;
Oseas 10:8, Lucas 23:30

17Porque el gran día de su ira ha llegado; ¿y quién podrá sostenerse en pie?
Joel 2:11, Malaquías 3:2

Los 144 mil escogidos

Apocalipsis 7

1Después de esto vi a cuatro ángeles en pie sobre los cuatro puntos cardinales de la tierra, que detenían los cuatro vientos de la tierra, para que no soplase viento alguno sobre la tierra, ni sobre el mar, ni sobre ningún árbol.
Zacarías 6:5

2Vi también a otro ángel que subía de donde sale el sol, y tenía el sello del Dios vivo; y clamó a gran voz a los cuatro ángeles, a quienes se les había dado el poder de hacer daño a la tierra y al mar,

3Diciendo: No hagáis daño a la tierra, ni al mar, ni a los árboles, hasta que hayamos sellado en sus frentes a los siervos de nuestro Dios.

Ezequiel 9:4

4Y oí el número de los sellados: ciento cuarenta y cuatro mil sellados de todas las tribus de los hijos de Israel.

5De la tribu de Judá, doce mil sellados. De la tribu de Rubén, doce mil sellados. De la tribu de Gad, doce mil sellados.

6De la tribu de Aser, doce mil sellados. De la tribu de Neftalí, doce mil sellados. De la tribu de Manasés, doce mil sellados.

7De la tribu de Simeón, doce mil sellados. De la tribu de Leví, doce mil sellados. De la tribu de Isacar, doce mil sellados.

8De la tribu de Zabulón, doce mil sellados. De la tribu de José, doce mil sellados. De la tribu de Benjamín, doce mil sellados.

9Después de esto miré, y he aquí una gran multitud, la cual nadie podía contar, de todas naciones y tribus y pueblos y lenguas, que estaban delante del trono y en la presencia del Cordero, vestidos de ropas blancas, y con palmas en las manos;

10Y clamaban a gran voz, diciendo: La salvación pertenece a nuestro Dios que está sentado en el trono, y al Cordero.

11Y todos los ángeles estaban en pie alrededor del trono, y de los ancianos y de los cuatro seres vivientes; y se postraron sobre sus rostros delante del trono, y adoraron a Dios,

12Diciendo: Amén. La bendición y la gloria y la sabiduría y la acción de gracias y la honra y el poder y la fortaleza, sean a nuestro Dios por los siglos de los siglos. Amén.

13Entonces uno de los ancianos habló, diciéndome: Estos que están vestidos de ropas blancas, ¿quiénes son, y de dónde han venido

14Yo le dije: Señor, tú lo sabes. Y él me dijo: Estos son los que han salido de la gran tribulación, y han lavado sus ropas, y las han emblanquecido en la sangre del Cordero.

Daniel 12:1, Mateo 24:21, Marcos 13:19

15Por esto están delante del trono de Dios, y le sirven día y noche en su templo; y el que está sentado sobre el trono extenderá su tabernáculo sobre ellos.

16Ya no tendrán hambre ni sed, y el sol no caerá más sobre ellos, ni calor alguno;

Isaías 49:10

17Porque el Cordero que está en medio del trono los pastoreará, y los guiará a fuentes de aguas de vida; y Dios enjugará toda lágrima de los ojos de ellos.

Salmos 23:1, Ezequiel 34:23, Salmos 23:2, Isaías 49:10

El séptimo sello

Apocalipsis 8

1Cuando abrió el séptimo sello, se hizo silencio en el cielo como por media hora.

2Y vi a los siete ángeles que estaban en pie ante Dios; y se les dieron siete trompetas.

3Otro ángel vino entonces y se paró ante el altar, con un incensario de oro; y se le dio mucho incienso para añadirlo a las oraciones de todos los santos, sobre el altar de oro que estaba delante del trono.

Éxodo 30:1

4Y de la mano del ángel subió a la presencia de Dios el humo del incienso con las oraciones de los santos.

5Y el ángel tomó el incensario, y lo llenó del fuego del altar, y lo arrojó a la tierra; y hubo truenos, y voces, y relámpagos, y un terremoto.

Levítico. 16:12, Ezequiel 10:2, Apocalipsis 11:19, 16:18

6Y los siete ángeles que tenían las siete trompetas se dispusieron a tocarlas.

7El primer ángel tocó la trompeta, y hubo granizo y fuego mezclados con sangre, que fueron lanzados sobre la tierra; y la tercera parte de los árboles se quemó, y se quemó toda la hierba verde.

Éxodo 9:23-25, Josué 10:11, Isaías 28:2, Ezequiel 13:11

8El segundo ángel tocó la trompeta, y como una gran montaña ardiendo en fuego fue precipitada en el mar; y la tercera parte del mar se convirtió en sangre.

9Y murió la tercera parte de los seres vivientes que estaban en el mar, y la tercera parte de las naves fue destruida.

10El tercer ángel tocó la trompeta, y cayó del cielo una gran estrella, ardiendo como una antorcha, y cayó sobre la tercera parte de los ríos, y sobre las fuentes de las aguas.

Isaías 14:12

11Y el nombre de la estrella es Ajenjo. Y la tercera parte de las aguas se convirtió en ajenjo; y muchos hombres murieron a causa de esas aguas, porque se hicieron amargas.

12El cuarto ángel tocó la trompeta, y fue herida la tercera parte del sol, y la tercera parte de la luna, y la tercera parte de las estrellas, para que se oscureciese la tercera parte de ellos, y no hubiese luz en la tercera parte del día, y asimismo de la noche.

Isaías 13:10, 24:23, Ezequiel 32:7, Joel 2:10, 2:31

13Y miré, y oí a un ángel volar por en medio del cielo, diciendo a gran voz: ¡Ay, ay, ay, de los que moran en la tierra, a causa de los otros toques de trompeta que están para sonar los tres ángeles!

Capítulo 8

APOCALIPSIS 2

La Quinta Trompeta

Apocalipsis 9

1El quinto ángel tocó la trompeta, y vi una estrella que cayó del cielo a la tierra; y se le dio la llave del pozo del abismo.

2Y abrió el pozo del abismo, y subió humo del pozo como humo de un gran horno; y se oscureció el sol y el aire por el humo del pozo.

3Y del humo salieron langostas sobre la tierra; y se les dio poder, como tienen poder los escorpiones de la tierra.

Éxodo 10:12-15, 2ª Tesalonicenses 1:7, 2ª Pedro 3:10

4Y se les mandó que no dañasen a la hierba de la tierra, ni a cosa verde alguna, ni a ningún árbol, sino solamente a los hombres que no tuviesen el sello de Dios en sus frentes.

Ezequiel 9:4

5Y les fue dado, no que los Matasen, sino que los atormentasen cinco meses; y su tormento era como tormento de escorpión cuando hiere al hombre.

6Y en aquellos días los hombres buscarán la muerte, pero no la hallarán; y ansiarán morir, pero la muerte hulrá de ellos.

Job 3:21

7El aspecto de las langostas era semejante a caballos preparados para la guerra; en las cabezas tenían como coronas de oro; sus caras eran como caras humanas;

Joel 2:4

8tenían cabello como cabello de mujer; sus dientes eran como de leones;

Joel 1:6

9tenían corazas como corazas de hierro; el ruido de sus alas era como el estruendo de muchos carros de caballos corriendo a la batalla;

Joel 2:5

10Tenían colas como de escorpiones, y también aguijones; y en sus colas tenían poder para dañar a los hombres durante cinco meses.

11Y tienen por rey sobre ellos al ángel del abismo, cuyo nombre en hebreo es Abadón, y en griego, Apolión.

12El primer ay pasó; he aquí, vienen aún dos ayes después de esto.

13El sexto ángel tocó la trompeta, y oí una voz de entre los cuatro cuernos del altar de oro que estaba delante de Dios,

Éxodo 30:1-3

14Diciendo al sexto ángel que tenía la trompeta: Desata a los cuatro ángeles que están atados junto al gran río Éufrates.

15Y fueron desatados los cuatro ángeles que estaban preparados para la hora, día, mes y año, a fin de Matar a la tercera parte de los hombres.

16Y el número de los ejércitos de los jinetes era doscientos millones. Yo oí su número.

17Así vi en visión los caballos y a sus jinetes, los cuales tenían corazas de fuego, de zafiro y de azufre. Y las cabezas de los caballos eran como cabezas de leones; y de su boca salían fuego, humo y azufre.

18Por estas tres plagas fue muerta la tercera parte de los hombres; por el fuego, el humo y el azufre que salían de su boca.

19Pues el poder de los caballos estaba en su boca y en sus colas; porque sus colas, semejantes a serpientes, tenían cabezas, y con ellas dañaban.

20Y los otros hombres que no fueron muertos con estas plagas, ni aun así se arrepintieron de las obras de sus manos, ni dejaron de adorar a los demonios, y a las imágenes de oro, de plata, de bronce, de piedra y de madera, las cuales no pueden ver, ni oír, ni andar;

Salmos 115:4-7, 135:15-17, Daniel 5:4

21Y no se arrepintieron de sus homicidios, ni de sus hechicerías, ni de su fornicación, ni de sus hurtos.

El ángel y el librito

Apocalipsis 10

1Vi descender del cielo a otro ángel fuerte, envuelto en una nube, con el arco iris sobre su cabeza; y su rostro era como el sol, y sus pies como columnas de fuego.

2Tenía en su mano un librito abierto; y puso su pie derecho sobre el mar, y el izquierdo sobre la tierra;

3Y clamó a gran voz, como ruge un león; y cuando hubo clamado, siete truenos emitieron sus voces.

4Cuando los siete truenos hubieron emitido sus voces, yo iba a escribir; pero oí una voz del cielo que me decía: Sella las cosas que los siete truenos han dicho, y no las escribas.

5Y el ángel que vi en pie sobre el mar y sobre la tierra, levantó su mano al cielo,

6y juró por el que vive por los siglos de los siglos, que creó el cielo y las cosas que están en él, y la tierra y las cosas que están en ella, y el mar y las cosas que están en él, que el tiempo no sería más,

7Sino que en los días de la voz del séptimo ángel, cuando él comience a tocar la trompeta, el misterio de Dios se consumará, como él lo anunció a sus siervos los profetas.

Daniel 12:7

8La voz que oí del cielo habló otra vez conmigo, y dijo: Ve y toma el librito que está abierto en la mano del ángel que está en pie sobre el mar y sobre la tierra.

9Y fui al ángel, diciéndole que me diese el librito. Y él me dijo: Toma, y cómelo; y te amargará el vientre, pero en tu boca será dulce como la miel.

10Entonces tomé el librito de la mano del ángel, y lo comí; y era dulce en mi boca como la miel, pero cuando lo hube comido, amargó mi vientre.

Ezequiel 2:8 y 3:3

11Y él me dijo: Es necesario que profetices otra vez sobre muchos pueblos, naciones, lenguas y reyes.

Los dos testigos y la bestia

Apocalipsis 11

1Entonces me fue dada una caña semejante a una vara de medir, y se me dijo: Levántate, y mide el templo de Dios, y el altar, y a los que adoran en él.
Ezequiel 40:3
2Pero el patio que está fuera del templo déjalo aparte, y no lo midas, porque ha sido entregado a los gentiles; y ellos hollarán la ciudad santa cuarenta y dos meses.
Lucas 21:24
3Y daré a mis dos testigos que profeticen por mil doscientos sesenta días, vestidos de cilicio.
4Estos testigos son los dos olivos, y los dos candeleros que están en pie delante del Dios de la tierra.
Zacarías 4:3, 11-14
5Si alguno quiere dañarlos, sale fuego de la boca de ellos, y devora a sus enemigos; y si alguno quiere hacerles daño, debe morir él de la misma manera.
6Estos tienen poder para cerrar el cielo, a fin de que no llueva en los días de su profecía; y tienen poder sobre las aguas para convertirlas en sangre, y para herir la tierra con toda plaga, cuantas veces quieran.
1ª Reyes 17:1, Éxodo 7:17-19
7Cuando hayan acabado su testimonio, la bestia que sube del abismo hará guerra contra ellos, y los vencerá y los Matará.
Daniel 7:3, Apocalipsis 13:5-7, 17:8, Daniel 7:21
8Y sus cadáveres estarán en la plaza de la grande ciudad que en sentido espiritual se llama Sodoma y Egipto, donde también nuestro Señor fue crucificado.

Isaías 1:9-10

9Y los de los pueblos, tribus, lenguas y naciones verán sus cadáveres por tres días y medio, y no permitirán que sean sepultados.

10Y los moradores de la tierra se regocijarán sobre ellos y se alegrarán, y se enviarán regalos unos a otros; porque estos dos profetas habían atormentado a los moradores de la tierra.

11Pero después de tres días y medio entró en ellos el espíritu de vida enviado por Dios, y se levantaron sobre sus pies, y cayó gran temor sobre los que los vieron.

Ezequiel 37:10

12Y oyeron una gran voz del cielo, que les decía: Subid acá. Y subieron al cielo en una nube; y sus enemigos los vieron.

2ª Reyes 2:11

13En aquella hora hubo un gran terremoto, y la décima parte de la ciudad se derrumbó, y por el terremoto murieron en número de siete mil hombres; y los demás se aterrorizaron, y dieron gloria al Dios del cielo.

Apocalipsis 6:12, 16:18

14El segundo ay pasó; he aquí, el tercer ay viene pronto.

15El séptimo ángel tocó la trompeta, y hubo grandes voces en el cielo, que decían: Los reinos del mundo han venido a ser de nuestro Señor y de su Cristo; y él reinará por los siglos de los siglos.

Daniel 7:14 y 27, Isaías 9:7, Daniel 2:44, 4:3, 34:6-26, 7:13-14, Lucas 1:32-33, 2ª Pedro 1:11

16Y los veinticuatro ancianos que estaban sentados delante de Dios en sus tronos, se postraron sobre sus rostros, y adoraron a Dios,

17Diciendo: Te damos gracias, Señor Dios Todopoderoso, el que eres y que eras y que has de venir, porque has tomado tu gran poder, y has reinado.

18Y se airaron las naciones, y tu ira ha venido, y el tiempo de juzgar a los muertos, y de dar el galardón a tus siervos los profetas, a los santos, y a los que temen tu nombre, a los pequeños y a los grandes, y de destruir a los que destruyen la tierra.

Salmos 115:13

19Y el templo de Dios fue abierto en el cielo, y el arca de su pacto se veía en el templo. Y hubo relámpagos, voces, truenos, un terremoto y grande granizo.

Apocalipsis 8:5, 16:18, 16:21

La mujer y el dragón

Apocalipsis 12

1Apareció en el cielo una gran señal: una mujer vestida del sol, con la luna debajo de sus pies, y sobre su cabeza una corona de doce estrellas.

Génesis 37:9

2Y estando encinta, clamaba con dolores de parto, en la angustia del alumbramiento.

Miqueas 4:10

3También apareció otra señal en el cielo: he aquí un gran dragón escarlata, que tenía siete cabezas y diez cuernos, y en sus cabezas siete diademas;

Daniel 7:7

4Y su cola arrastraba la tercera parte de las estrellas del cielo, y las arrojó sobre la tierra. Y el dragón se paró frente a la mujer que estaba para dar a luz, a fin de devorar a su hijo tan pronto como naciese.

Daniel 8:10

5Y ella dio a luz un hijo varón, que regirá con vara de hierro a todas las naciones; y su hijo fue arrebatado para Dios y para su trono.

Isaías 66:7, Salmos 2:9

6Y la mujer huyó al desierto, donde tiene lugar preparado por Dios, para que allí la sustenten por mil doscientos sesenta días.

7Después hubo una gran batalla en el cielo: Miguel y sus ángeles luchaban contra el dragón; y luchaban el dragón y sus ángeles;

Daniel 10:13 y 21, 21:1, Job 9

8Pero no prevalecieron, ni se halló ya lugar para ellos en el cielo.

9Y fue lanzado fuera el gran dragón, la serpiente antigua, que se llama diablo y Satanás, el cual engaña al mundo entero; fue arrojado a la tierra, y sus ángeles fueron arrojados con él.

Génesis 3:1, Lucas 10:18

10Entonces oí una gran voz en el cielo, que decía: Ahora ha venido la salvación, el poder, y el reino de nuestro Dios, y la autoridad de su Cristo; porque ha sido lanzado fuera el acusador de nuestros hermanos, el que los acusaba delante de nuestro Dios día y noche.

Job 1:9-11, Zacarías 3:1

11Y ellos le han vencido por medio de la sangre del Cordero y de la palabra del testimonio de ellos, y menospreciaron sus vidas hasta la muerte.

12Por lo cual alegraos, cielos, y los que moráis en ellos. ¡Ay de los moradores de la tierra y del mar! porque el diablo ha descendido a vosotros con gran ira, sabiendo que tiene poco tiempo.

13Y cuando vio el dragón que había sido arrojado a la tierra, persiguió a la mujer que había dado a luz al hijo varón.

14Y se le dieron a la mujer las dos alas de la gran águila, para que volase de delante de la serpiente al desierto, a su lugar, donde es sustentada por un tiempo, y tiempos, y la mitad de un tiempo.

Daniel 7:25, 12:7

15Y la serpiente arrojó de su boca, tras la mujer, agua como un río, para que fuese arrastrada por el río.

16Pero la tierra ayudó a la mujer, pues la tierra abrió su boca y tragó el río que el dragón había echado de su boca.

17Entonces el dragón se llenó de ira contra la mujer; y se fue a hacer guerra contra el resto de la descendencia de ella, los que guardan los mandamientos de Dios y tienen el testimonio de Jesucristo.

La bestia que sube del mar

Apocalipsis 13

1Me paré sobre la arena del mar, y vi. Subir del mar una bestia que tenía siete cabezas y diez cuernos; y en sus cuernos diez diademas; y sobre sus cabezas, un nombre blasfemo.

Daniel 7:3, Apocalipsis 17:3, 7-12

2Y la bestia que vi era semejante a un leopardo, y sus pies como de oso, y su boca como boca de león. Y el dragón le dio su poder y su trono, y grande autoridad.

Daniel 7:4-6

3Vi una de sus cabezas como herida de muerte, pero su herida mortal fue sanada; y se maravilló toda la tierra en pos de la bestia,

4Y adoraron al dragón que había dado autoridad a la bestia, y adoraron a la bestia, diciendo: ¿Quién como la bestia, y quién podrá luchar contra ella?

5También se le dio boca que hablaba grandes cosas y blasfemias; y se le dio autoridad para actuar cuarenta y dos meses.

Daniel 7:8 y 25, 11:36

6Y abrió su boca en blasfemias contra Dios, para blasfemar de su nombre, de su tabernáculo, y de los que moran en el cielo.

Daniel 7:8 y 25, 11:36

7Y se le permitió hacer guerra contra los santos, y vencerlos. También se le dio autoridad sobre toda tribu, pueblo, lengua y nación.

Daniel 7:21

8Y la adoraron todos los moradores de la tierra cuyos nombres no estaban escritos en el libro de la vida del Cordero que fue inmolado desde el principio del mundo.

Salmos 69:28

9Si alguno tiene oído, oiga.

10Si alguno lleva en cautividad, va en cautividad; si alguno Mata a espada, a espada debe ser muerto. Aquí está la paciencia y la fe de los santos.

Jeremías 15:2

11Después vi. Otra bestia que subía de la tierra; y tenía dos cuernos semejantes a los de un cordero, pero hablaba como dragón.

12Y ejerce toda la autoridad de la primera bestia en presencia de ella, y hace que la tierra y los moradores de ella adoren a la primera bestia, cuya herida mortal fue sanada.

13También hace grandes señales, de tal manera que aun hace descender fuego del cielo a la tierra delante de los hombres.

14Y engaña a los moradores de la tierra con las señales que se le ha permitido hacer en presencia de la bestia, mandando a los moradores de la tierra que le hagan imagen a la bestia que tiene la herida de espada, y vivió.

15Y se le permitió infundir aliento a la imagen de la bestia, para que la imagen hablase e hiciese Matar a todo el que no la adorase.

16Y hacía que a todos, pequeños y grandes, ricos y pobres, libres y esclavos, se les pusiese una marca en la mano derecha, o en la frente;

17Y que ninguno pudiese comprar ni vender, sino el que tuviese la marca o el nombre de la bestia, o el número de su nombre.

18 Aquí hay sabiduría. El que tiene entendimiento, cuente el número de la bestia, pues es número de hombre. Y su número es seiscientos sesenta y seis.

El cordero y los 144 mil sellados

Apocalipsis 14

1Después miré, y he aquí el Cordero estaba en pie sobre el monte de Sion, y con él ciento cuarenta y cuatro mil, que tenían el nombre de él y el de su Padre escrito en la frente.

Ezequiel 9:4, Apocalipsis 7:3

2Y oí una voz del cielo como estruendo de muchas aguas, y como sonido de un gran trueno; y la voz que oí era como de arpistas que tocaban sus arpas.

3Y cantaban un cántico nuevo delante del trono, y delante de los cuatro seres vivientes, y de los ancianos; y nadie podía aprender el cántico sino aquellos ciento cuarenta y cuatro mil que fueron redimidos de entre los de la tierra.

4Estos son los que no se contaminaron con mujeres, pues son vírgenes. Estos son los que siguen al Cordero por dondequiera que va. Estos fueron redimidos de entre los hombres como primicias para Dios y para el Cordero;

5Y en sus bocas no fue hallada mentira, pues son sin mancha delante del trono de Dios.

Sofonías 3:13

6 Vi volar por en medio del cielo a otro ángel, que tenía el evangelio eterno para predicarlo a los moradores de la tierra, a toda nación, tribu, lengua y pueblo,

7Diciendo a gran voz: Temed a Dios, y dadle gloria, porque la hora de su juicio ha llegado; y adorad a aquel que hizo el cielo y la tierra, el mar y las fuentes de las aguas.

8Otro ángel le siguió, diciendo: Ha caído, ha caído Babilonia, la gran ciudad, porque ha hecho beber a todas las naciones del vino del furor de su fornicación.

Isaías 21:9, Apocalipsis 18:2

9Y el tercer ángel los siguió, diciendo a gran voz: Si alguno adora a la bestia y a su imagen, y recibe la marca en su frente o en su mano,

10Él también beberá del vino de la ira de Dios, que ha sido vaciado puro en el cáliz de su ira; y será atormentado con fuego y azufre delante de los santos ángeles y del Cordero;

Isaías 51:17, Genesis19:24

11Y el humo de su tormento sube por los siglos de los siglos. Y no tienen reposo de día ni de noche los que adoran a la bestia y a su imagen, ni nadie que reciba la marca de su nombre.

Isaías 34:10

12Aquí está la paciencia de los santos, los que guardan los mandamientos de Dios y la fe de Jesús.

13Oí una voz que desde el cielo me decía: Escribe: Bienaventurados de aquí en adelante los muertos que mueren en el Señor. Sí, dice el Espíritu, descansarán de sus trabajos, porque sus obras con ellos siguen.

14Miré, y he aquí una nube blanca; y sobre la nube uno sentado semejante al Hijo del Hombre, que tenía en la cabeza una corona de oro, y en la mano una hoz aguda.

Daniel 7:13

15Y del templo salió otro ángel, clamando a gran voz al que estaba sentado sobre la nube: Mete tu hoz, y siega; porque la hora de segar ha llegado, pues la mies de la tierra está madura.

Joel 3:13

16Y el que estaba sentado sobre la nube metió su hoz en la tierra, y la tierra fue segada.

17Salió otro ángel del templo que está en el cielo, teniendo también una hoz aguda.

18Y salió del altar otro ángel, que tenía poder sobre el fuego, y llamó a gran voz al que tenía la hoz aguda, diciendo: Mete tu hoz aguda, y vendimia los racimos de la tierra, porque sus uvas están maduras.

19Y el ángel arrojó su hoz en la tierra, y vendimió la viña de la tierra, y echó las uvas en el gran lagar de la ira de Dios.

20Y fue pisado el lagar fuera de la ciudad, y del lagar salió sangre hasta los frenos de los caballos, por mil seiscientos estadios.

Isaías 63:3, Apocalipsis 19:15

Los siete ángeles y las siete plagas

Apocalipsis 15

1Vi otra señal en el cielo, grande y admirable: siete ángeles que tenían las siete plagas postreras; porque en ellas se consumaba la ira de Dios.

2Vi también como un mar de vidrio mezclado con fuego; y a los que habían alcanzado la victoria sobre la bestia y su imagen, y su marca y el número de su nombre, en pie sobre el mar de vidrio, con las arpas de Dios.

3Y cantan el cántico de Moisés siervo de Dios, y el cántico del Cordero, diciendo: Grandes y maravillosas son tus obras, Señor Dios Todopoderoso; justo y verdadero son tus caminos, Rey de los santos.

Éxodo 15:1

4¿Quién no te temerá, oh Señor, y glorificará tu nombre? pues sólo tú eres santo; por lo cual todas las naciones vendrán y te adorarán, porque tus juicios se han manifestado.

Jeremías10:7, Salmos 86:9

5Después de estas cosas miré, y he aquí fue abierto en el cielo el templo del tabernáculo del testimonio;

Éxodo 40:34

6Y del templo salieron los siete ángeles que tenían las siete plagas, vestidos de lino limpio y resplandeciente, y ceñidos alrededor del pecho con cintos de oro.

7Y uno de los cuatro seres vivientes dio a los siete ángeles siete copas de oro, llenas de la ira de Dios, que vive por los siglos de los siglos.

8Y el templo se llenó de humo por la gloria de Dios, y por su poder; y nadie podía entrar en el templo hasta que se hubiesen cumplido las siete plagas de los siete ángeles.

1ª Reyes 8:10-11, 2ª Crónicas 5:13-14, Isaías 6:4

Las copas de la ira de Dios

Apocalipsis 16

1Oí una gran voz que decía desde el templo a los siete ángeles: Id y derramad sobre la tierra las siete copas de la ira de Dios.

2Fue el primero, y derramó su copa sobre la tierra, y vino una úlcera maligna y pestilente sobre los hombres que tenían la marca de la bestia, y que adoraban su imagen.

Éxodo 9:10

3El segundo ángel derramó su copa sobre el mar, y éste se convirtió en sangre como de muerto; y murió todo ser vivo que había en el mar.

4El tercer ángel derramó su copa sobre los ríos, y sobre las fuentes de las aguas, y se convirtieron en sangre.

Éxodo 7:17-21

5Y oí al ángel de las aguas, que decía: Justo eres tú, oh Señor, el que eres y que eras, el Santo, porque has juzgado estas cosas.

6Por cuanto derramaron la sangre de los santos y de los profetas, también tú les has dado a beber sangre; pues lo merecen.

7También oí a otro, que desde el altar decía: Ciertamente, Señor Dios Todopoderoso, tus juicios son verdaderos y justos.

8El cuarto ángel derramó su copa sobre el sol, al cual fue dado quemar a los hombres con fuego.

9Y los hombres se quemaron con el gran calor, y blasfemaron el nombre de Dios, que tiene poder sobre estas plagas, y no se arrepintieron para darle gloria.

10El quinto ángel derramó su copa sobre el trono de la bestia; y su reino se cubrió de tinieblas, y mordían de dolor sus lenguas,

Éxodo 10:21

11Y blasfemaron contra el Dios del cielo por sus dolores y por sus úlceras, y no se arrepintieron de sus obras.

12El sexto ángel derramó su copa sobre el gran río Éufrates; y el agua de éste se secó, para que estuviese preparado el camino a los reyes del oriente.

Isaías 11:15-16

13Y vi Salir de la boca del dragón, y de la boca de la bestia, y de la boca del falso profeta, tres espíritus inmundos a manera de ranas;

14Pues son espíritus de demonios, que hacen señales, y van a los reyes de la tierra en todo el mundo, para reunirlos a la batalla de aquel gran día del Dios Todopoderoso.

15He aquí, yo vengo como ladrón. Bienaventurado el que vela, y guarda sus ropas, para que no ande desnudo, y vean su vergüenza.

Mateo 24:43-44, Lucas 12:39-40, Apocalipsis 3:3

16Y los reunió en el lugar que en hebreo se llama Armagedón.

2ª Reyes 23:29, 2ª Crónicas 35:22

17El séptimo ángel derramó su copa por el aire; y salió una gran voz del templo del cielo, del trono, diciendo: Hecho está.

18Entonces hubo relámpagos y voces y truenos, y un gran temblor de tierra, un terremoto tan grande, cual no lo hubo jamás desde que los hombres han estado sobre la tierra.

Apocalipsis 8:5, 11:13 y 19

19Y la gran ciudad fue dividida en tres partes, y las ciudades de las naciones cayeron; y la gran Babilonia vino en memoria delante de Dios, para darle el cáliz del vino del ardor de su ira.

Isaías 51:17

20Y toda isla huyó, y los montes no fueron hallados.

Apocalipsis 6:14

21Y cayó del cielo sobre los hombres un enorme granizo como del peso de un talento; y los hombres blasfemaron contra Dios por la plaga del granizo; porque su plaga fue sobremanera grande.

Éxodo 9:23, Apocalipsis 11:19

La ramera y la bestia

Apocalipsis 17

1Vino entonces uno de los siete ángeles que tenían las siete copas, y habló conmigo diciéndome: Ven acá, y te mostraré la sentencia contra la gran ramera, la que está sentada sobre muchas aguas;

Jeremías 51:13

2Con la cual han fornicado los reyes de la tierra, y los moradores de la tierra se han embriagado con el vino de su fornicación.

Jeremías 51:7

3Y me llevó en el Espíritu al desierto; y vi a una mujer sentada sobre una bestia escarlata llena de nombres de blasfemia, que tenía siete cabezas y diez cuernos.

Apocalipsis 13:1

4Y la mujer estaba vestida de púrpura y escarlata, y adornada de oro de piedras preciosas y de perlas, y tenía en la mano un cáliz de oro lleno de abominaciones y de la inmundicia de su fornicación;

Jeremías 51:7

5Y en su frente un nombre escrito, un misterio: Babilonia la grande, madre de las rameras y de las abominaciones de la tierra.

6Vi a la mujer ebria de la sangre de los santos, y de la sangre de los mártires de Jesús; y cuando la vi, quedé asombrado con gran asombro.

7Y el ángel me dijo: ¿Por qué te asombras? Yo te diré el misterio de la mujer, y de la bestia que la trae, la cual tiene las siete cabezas y los diez cuernos.

8La bestia que has visto, era, y no es; y está para subir del abismo e ir a perdición; y los moradores de la tierra, aquellos cuyos nombres no están escritos desde la fundación del mundo en el libro de la vida, se asombrarán viendo la bestia que era y no es, y será.

Daniel 7:3, Apocalipsis 77:7, Salmos 69:28

9Esto, para la mente que tenga sabiduría: Las siete cabezas son siete montes, sobre los cuales se sienta la mujer,

10Y son siete reyes. Cinco de ellos han caído; uno es, y el otro aún no ha venido; y cuando venga, es necesario que dure breve tiempo.

11La bestia que era, y no es, es también el octavo; y es de entre los siete, y va a la perdición.

12Y los diez cuernos que has visto, son diez reyes, que aún no han recibido reino; pero por una hora recibirán autoridad como reyes juntamente con la bestia.

Daniel 7:24

13Estos tienen un mismo propósito, y entregarán su poder y su autoridad a la bestia.

14Pelearán contra el Cordero, y el Cordero los vencerá, porque él es Señor de señores y Rey de reyes; y los que están con él son llamados y elegidos y fieles.

15Me dijo también: Las aguas que has visto donde la ramera se sienta, son pueblos, muchedumbres, naciones y lenguas.

16Y los diez cuernos que viste en la bestia, éstos aborrecerán a la ramera, y la dejarán desolada y desnuda; y devorarán sus carnes, y la quemarán con fuego;

17Porque Dios ha puesto en sus corazones el ejecutar lo que él quiso: ponerse de acuerdo, y dar su reino a la bestia, hasta que se cumplan las palabras de Dios.

18Y la mujer que has visto es la gran ciudad que reina sobre los reyes de la tierra.

La caída de la gran ciudad

Apocalipsis 18

1Después de esto vi. A otro ángel descender del cielo con gran poder; y la tierra fue alumbrada con su gloria.

2Y clamó con voz potente, diciendo: Ha caído, ha caído la gran Babilonia, y se ha hecho habitación de demonios y guarida de todo espíritu inmundo, y albergue de toda ave inmunda y aborrecible.

Isaías 21:9, Isaías 13:21, Jeremías 50:39

3Porque todas las naciones han bebido del vino del furor de su fornicación; y los reyes de la tierra han fornicado con ella, y los mercaderes de la tierra se han enriquecido de la potencia de sus deleites.

Jeremías 51:7

4Y oí otra voz del cielo, que decía: Salid de ella, pueblo mío, para que no seáis partícipes de sus pecados, ni recibáis parte de sus plagas;

Isaías 48:20, Jeremías 50:8

5Porque sus pecados han llegado hasta el cielo, y Dios se ha acordado de sus maldades.

Jeremías 51:9

6Dadle a ella como ella os ha dado, y pagadle doble según sus obras; en el cáliz en que ella preparó bebida, preparadle a ella el doble.

Salmos 137:8, Jeremías 50:29

7Cuanto ella se ha glorificado y ha vivido en deleites, tanto dadle de tormento y llanto; porque dice en su corazón: Yo estoy sentada como reina, y no soy viuda, y no veré llanto;

8Por lo cual en un solo día vendrán sus plagas; muerte, llanto y hambre, y será quemada con fuego; porque poderoso es Dios el Señor, que la juzga.

Isaías 47:8-9

9Y los reyes de la tierra que han fornicado con ella, y con ella han vivido en deleites, llorarán y harán Lamentación sobre ella, cuando vean el humo de su incendio,

10Parándose lejos por el temor de su tormento, diciendo: ¡Ay, ay, de la gran ciudad de Babilonia, la ciudad fuerte; porque en una hora vino tu juicio!

Ezequiel 26:16-18.

11Y los mercaderes de la tierra lloran y hacen Lamentación sobre ella, porque ninguno compra más sus mercaderías;

Ezequiel 27:25-36

12Mercadería de oro, de plata, de piedras preciosas, de perlas, de lino fino, de púrpura, de seda, de escarlata, de toda madera olorosa, de todo objeto de marfil, de todo objeto de madera preciosa, de cobre, de hierro y de mármol;

13y canela, especias aromáticas, incienso, mirra, olíbano, vino, aceite, flor de harina, trigo, bestias, ovejas, caballos y carros, y esclavos, almas de hombres.

14Los frutos codiciados por tu alma se apartaron de ti, y todas las cosas exquisitas y espléndidas te han faltado, y nunca más las hallarás.

15Los mercaderes de estas cosas, que se han enriquecido a costa de ella, se pararán lejos por el temor de su tormento, llorando y Lamentando,

16Y diciendo: ¡Ay, ay, de la gran ciudad, que estaba vestida de lino fino, de púrpura y de escarlata, y estaba adornada de oro, de piedras preciosas y de perlas!

17Porque en una hora han sido consumidas tantas riquezas. Y todo piloto, y todos los que viajan en naves, y marineros, y todos los que trabajan en el mar, se pararon lejos;

18Y viendo el humo de su incendio, dieron voces, diciendo: ¿Qué ciudad era semejante a esta gran ciudad?

19Y echaron polvo sobre sus cabezas, y dieron voces, llorando y Lamentando, diciendo: ¡Ay, ay de la gran ciudad, en la cual todos los que tenían naves en el mar se habían enriquecido de sus riquezas; pues en una hora ha sido desolada!

Ezequiel 27:25-36

20Alégrate sobre ella, cielo, y vosotros, santos, apóstoles y profetas; porque Dios os ha hecho justicia en ella.

Jeremías 51:48

21Y un ángel poderoso tomó una piedra, como una gran piedra de molino, y la arrojó en el mar, diciendo: Con el mismo ímpetu será derribada Babilonia, la gran ciudad, y nunca más será hallada.

Jeremías 51:63-64, Ezequiel 26:21, Isaías 34:2-3, Jeremías 25:9, Malaquías 4:1, Lucas 3:9

22Y voz de arpistas, de músicos, de flautistas y de trompeteros no se oirá más en ti; y ningún artífice de oficio alguno se hallará más en ti, ni ruido de molino se oirá más en ti.

Ezequiel 26:13

23Luz de lámpara no alumbrará más en ti, ni voz de esposo y de esposa se oirá más en ti; porque tus mercaderes eran los grandes de la tierra; pues por tus hechicerías fueron engañadas todas las naciones.

Jeremías 25:10, Romanos 16:18, 2ª Corintios 11:13, Efesios 4:14, 2ª Timoteo 3:13, Tito 1:10, 2ª Juan 7

24Y en ella se halló la sangre de los profetas y de los santos, y de todos los que han sido muertos en la tierra.

Jeremías 51:49

Himnos de victoria

Apocalipsis 19

1Después de esto oí una gran voz de gran multitud en el cielo, que decía: ¡Aleluya! Salvación y honra y gloria y poder son del Señor Dios nuestro;

2Porque sus juicios son verdaderos y justos; pues ha juzgado a la gran ramera que ha corrompido a la tierra con su fornicación, y ha vengado la sangre de sus siervos de la mano de ella.

Deuteronomio 32:43

3Otra vez dijeron: ¡Aleluya! Y el humo de ella sube por los siglos de los siglos.

Isaías 34:10

4Y los veinticuatro ancianos y los cuatro seres vivientes se postraron en tierra y adoraron a Dios, que estaba sentado en el trono, y decían: ¡Amén! ¡Aleluya!

5Y salió del trono una voz que decía: Alabad a nuestro Dios todos sus siervos, y los que le teméis, así pequeños como grandes.Salmos 115:13

6Y oí como la voz de una gran multitud, como el estruendo de muchas aguas, y como la voz de grandes truenos, que decía: ¡Aleluya, porque el Señor nuestro Dios Todopoderoso reina!

Ezequiel 1:24

7Gocémonos y alegrémonos y démosle gloria; porque han llegado las bodas del Cordero, y su esposa se ha preparado.

8Y a ella se le ha concedido que se vista de lino fino, limpio y resplandeciente; porque el lino fino es las acciones justas de los santos.

9Y el ángel me dijo: Escribe: Bienaventurados los que son llamados a la cena de las bodas del Cordero. Y me dijo: Estas son palabras verdaderas de Dios.

Mateo 22:2-3

10Yo me postré a sus pies para adorarle. Y él me dijo: Mira, no lo hagas; yo soy consiervo tuyo, y de tus hermanos que retienen el testimonio de Jesús. Adora a Dios; porque el testimonio de Jesús es el espíritu de la profecía.

11Entonces vi. El cielo abierto; y he aquí un caballo blanco, y el que lo montaba se llamaba Fiel y Verdadero, y con justicia juzga y pelea.

Ezequiel 1:1, Mateo 3:16, Hechos 7:56, 10:11

12Sus ojos eran como llama de fuego, y había en su cabeza muchas diademas; y tenía un nombre escrito que ninguno conocía sino él mismo.

Daniel 10:6

13Estaba vestido de una ropa teñida en sangre; y su nombre es: EL VERBO DE DIOS.

14Y los ejércitos celestiales, vestidos de lino finísimo, blanco y limpio, le seguían en caballos blancos.

15De su boca sale una espada aguda, para herir con ella a las naciones, y él las regirá con vara de hierro; y él pisa el lagar del vino del furor y de la ira del Dios Todopoderoso.

Salmos 2:9, Isaías 63:3, Joel 3:13, Apocalipsis 14:20

16Y en su vestidura y en su muslo tiene escrito este nombre: REY DE REYES Y SEÑOR DE SEÑORES.

17Y vi a un ángel que estaba en pie en el sol, y clamó a gran voz, diciendo a todas las aves que vuelan en medio del cielo: Venid, y congregaos a la gran cena de Dios,

18Para que comáis carnes de reyes y de capitanes, y carnes de fuertes, carnes de caballos y de sus jinetes, y carnes de todos, libres y esclavos, pequeños y grandes.

Ezequiel 39:17-20

19Y vi a la bestia, a los reyes de la tierra y a sus ejércitos, reunidos para guerrear contra el que montaba el caballo, y contra su ejército.

20Y la bestia fue apresada, y con ella el falso profeta que había hecho delante de ella las señales con las cuales había engañado a los que recibieron la marca de la bestia, y habían adorado su imagen. Estos dos fueron lanzados vivos dentro de un lago de fuego que arde con azufre.

Apocalipsis 13:1-18

21Y los demás fueron muertos con la espada que salía de la boca del que montaba el caballo, y todas las aves se saciaron de las carnes de ellos.

El reino de mil años

Apocalipsis 20

1vi a un ángel que descendía del cielo, con la llave del abismo, y una gran cadena en la mano.

Génesis 3:1

2Y prendió al dragón, la serpiente antigua, que es el diablo y Satanás, y lo ató por mil años;

Génesis 3:1

3Y lo arrojó al abismo, y lo encerró, y puso su sello sobre él, para que no engañase más a las naciones, hasta que fuesen cumplidos mil años; y después de esto debe ser desatado por un poco de tiempo.

4Y vi tronos, y se sentaron sobre ellos los que recibieron facultad de juzgar; y vi las almas de los decapitados por causa del testimonio de Jesús y por la palabra de Dios, los que no habían adorado a la bestia ni a su imagen, y que no recibieron la marca en sus frentes ni en sus manos; y vivieron y reinaron

Daniel 7:9 y 22

Con Cristo mil años.

5Pero los otros muertos no volvieron a vivir hasta que se cumplieron mil años. Esta es la primera resurrección.

6Bienaventurado y santo el que tiene parte en la primera resurrección; la segunda muerte no tiene potestad sobre éstos, sino que serán sacerdotes de Dios y de Cristo, y reinarán con él mil años.

7Cuando los mil años se cumplan, Satanás será suelto de su prisión,

8Y saldrá a engañar a las naciones que están en los cuatro ángulos de la tierra, a Gog y a Magog, a fin de reunirlos para la batalla; el número de los cuales es como la arena del mar.

Ezequiel 38:1-16

9Y subieron sobre la anchura de la tierra, y rodearon el campamento de los santos y la ciudad amada; y de Dios descendió fuego del cielo, y los consumió.

10Y el diablo que los engañaba fue lanzado en el lago de fuego y azufre, donde estaban la bestia y el falso profeta; y serán atormentados día y noche por los siglos de los siglos.

11Y vi un gran trono blanco y al que estaba sentado en él, de delante del cual huyeron la tierra y el cielo, y ningún lugar se encontró para ellos.

12Y vi a los muertos, grandes y pequeños, de pie ante Dios; y los libros fueron abiertos, y otro libro fue abierto, el cual es el libro de la vida; y fueron juzgados los muertos por las cosas que estaban escritas en los libros, según sus obras.

Daniel 7:9-10

13Y el mar entregó los muertos que había en él; y la muerte y el Hades entregaron los muertos que había en ellos; y fueron juzgados cada uno según sus obras.

14Y la muerte y el Hades fueron lanzados al lago de fuego. Esta es la muerte segunda.

Isaías 25:8, Oseas 13:14, 1ª Corintios 15:26, 1ª Corintios 15:54, 2ª Timoteo 1:10, Hechos 2:14, Apocalipsis 20:14, Apocalipsis 21:4

15Y el que no se halló inscrito en el libro de la vida fue lanzado al lago de fuego.

Apocalipsis 21

1Vi un cielo nuevo y una tierra nueva; porque el primer cielo y la primera tierra pasaron, y el mar ya no existía más.

Isaías 65:17, 66:22, 2ª Pedro 3:13

2Y yo Juan vi la santa ciudad, la nueva Jerusalén, descender del cielo, de Dios, dispuesta como una esposa ataviada para su marido.

Isaias 52:1, Apocalipsis 3:12, Isaías 61:10, Hebreos 11:10 y 16, 12:22, 13:14, Apocalipsis 21:2 y 10, 22:19

3Y oí una gran voz del cielo que decía: He aquí el tabernáculo de Dios con los hombres, y él morará con ellos; y ellos serán su pueblo, y Dios mismo estará con ellos como su Dios.

Ezequiel 37:27

4Enjugará Dios toda lágrima de los ojos de ellos; y ya no habrá muerte, ni habrá más llanto, ni clamor, ni dolor; porque las primeras cosas pasaron.

Isaías 25:8, Isaías 65:19

5Y el que estaba sentado en el trono dijo: He aquí, yo hago nuevas todas las cosas. Y me dijo: Escribe; porque estas palabras son fieles y verdaderas.

6Y me dijo: Hecho está. Yo soy el Alfa y la Omega, el principio y el fin. Al que tuviere sed, yo le daré gratuitamente de la fuente del agua de la vida.

Isaías 55:1

7El que venciere heredará todas las cosas, y yo seré su Dios, y él será mi hijo.

2ª Samuel 7:14, 1ª Corintios 17:13

8Pero los cobardes e incrédulos, los abominables y homicidas, los fornicarios y hechiceros, los idólatras y todos los mentirosos tendrán su parte en el lago que arde con fuego y azufre, que es la muerte segunda.

Isaías 66:24, Mateo 3:12, 13:42, 18:8, 25:41, Apocalipsis14:10, 20:10

9Vino entonces a mí uno de los siete ángeles que tenían las siete copas llenas de las siete plagas postreras, y habló conmigo, diciendo: Ven acá, yo te mostraré la desposada, la esposa del Cordero.

10Y me llevó en el Espíritu a un monte grande y alto, y me mostró la gran ciudad santa de Jerusalén, que descendía del cielo, de Dios,

Ezequiel 40:2

11Teniendo la gloria de Dios. Y su fulgor era semejante al de una piedra preciosísima, como piedra de jaspe, diáfana como el cristal.

12Tenía un muro grande y alto con doce puertas; y en las puertas, doce ángeles, y nombres inscritos, que son los de las doce tribus de los hijos de Israel;

13Al oriente tres puertas; al norte tres puertas; al sur tres puertas; al occidente tres puertas.

Ezequiel 48:30-34

14Y el muro de la ciudad tenía doce cimientos, y sobre ellos los doce nombres de los doce apóstoles del Cordero.

15El que hablaba conmigo tenía una caña de medir, de oro, para medir la ciudad, sus puertas y su muro.

Ezequiel 40:3

16La ciudad se halla establecida en cuadro, y su longitud es igual a su anchura; y él midió la ciudad con la caña, doce mil estadios; la longitud, la altura y la anchura de ella son iguales.

17Y midió su muro, ciento cuarenta y cuatro codos, de medida de hombre, la cual es de ángel.

18El Material de su muro era de jaspe; pero la ciudad era de oro puro, semejante al vidrio limpio;

19Y los cimientos del muro de la ciudad estaban adornados con toda piedra preciosa. El primer cimiento era jaspe; el segundo, zafiro; el tercero, ágata; el cuarto, esmeralda;

20El quinto, ónice; el sexto, cornalina; el séptimo, crisolito; el octavo, berilo; el noveno, topacio; el décimo, crisopraso; el undécimo, jacinto; el duodécimo, amatista.

21Las doce puertas eran doce perlas; cada una de las puertas era una perla. Y la calle de la ciudad era de oro puro, transparente como vidrio.

Isaías 54:11-12

22Y no vi en ella templo; porque el Señor Dios Todopoderoso es el templo de ella, y el Cordero.

23La ciudad no tiene necesidad de sol ni de luna que brille en ella; porque la gloria de Dios la ilumina, y el Cordero es su lumbrera.

Isaías 60:19

24Y las naciones que hubieren sido salvas andarán a la luz de ella; y los reyes de la tierra traerán su gloria y honor a ella.

25Sus puertas nunca serán cerradas de día, pues allí no habrá noche.

26Y llevarán la gloria y la honra de las naciones a ella.

Isaías 60:11

27No entrará en ella ninguna cosa inmunda, o que hace abominación y mentira, sino solamente los que están inscritos en el libro de la vida del Cordero.

Isaías 52:1

La venida de Cristo está cerca

Apocalipsis 22

1Después me mostró un río limpio de agua de vida, resplandeciente como cristal, que salía del trono de Dios y del Cordero.

Ezequiel 47:1, Zacarías 14:8

2En medio de la calle de la ciudad, y a uno y otro lado del río, estaba el árbol de la vida, que produce doce frutos, dando cada mes su fruto; y las hojas del árbol eran para la sanidad de las naciones.

Génesis 2:9

3Y no habrá más maldición; y el trono de Dios y del Cordero estará en ella, y sus siervos le servirán,

Zacarías 14:11

4Y verán su rostro, y su nombre estará en sus frentes.

5No habrá allí más noche; y no tienen necesidad de luz de lámpara, ni de luz del sol, porque Dios el Señor los iluminará; y reinarán por los siglos de los siglos.

Isaías 60:19, Daniel 7:18

6Y me dijo: Estas palabras son fieles y verdaderas. Y el Señor, el Dios de los espíritus de los profetas, ha enviado su ángel, para mostrar a sus siervos las cosas que deben suceder pronto.

7¡He aquí, vengo pronto! Bienaventurado el que guarda las palabras de la profecía de este libro.

8Yo Juan soy el que oyó y vio estas cosas. Y después que las hube oído y visto, me postré para adorar a los pies del ángel que me mostraba estas cosas.

9Pero él me dijo: Mira, no lo hagas; porque yo soy consiervo tuyo, de tus hermanos los profetas, y de los que guardan las palabras de este libro. Adora a Dios.

10Y me dijo: No selles las palabras de la profecía de este libro, porque el tiempo está cerca.

11El que es injusto, sea injusto todavía; y el que es inmundo, sea inmundo todavía; y el que es justo, practique la justicia todavía; y el que es santo, santifíquese todavía.

Daniel 12:10

12He aquí yo vengo pronto, y mi galardón conmigo, para recompensar a cada uno según sea su obra.

Isaías 40:10, 62:11, Salmos 28:4

13Yo soy el Alfa y la Omega, el principio y el fin, el primero y el último.

Apocalipsis 1:8, Isaías 44:6, 48:12, Apocalipsis 1:17, 2:8

14Bienaventurados los que lavan sus ropas, para tener derecho al árbol de la vida, y para entrar por las puertas en la ciudad.

Génesis 2:9, 3:22

15Mas los perros estarán fuera, y los hechiceros, los fornicarios, los homicidas, los idólatras, y todo aquel que ama y hace mentira.

16Yo Jesús he enviado mi ángel para daros testimonio de estas cosas en las iglesias. Yo soy la raíz y el linaje de David, la estrella resplandeciente de la mañana.

Isaías 11:1

17Y el Espíritu y la Esposa dicen: Ven. Y el que oye, diga: Ven. Y el que tiene sed, venga; y el que quiera, tome del agua de la vida gratuitamente.

Isaías 55:1

18Yo testifico a todo aquel que oye las palabras de la profecía de este libro: Si alguno añadiere a estas cosas, Dios traerá sobre él las plagas que están escritas en este libro.

19Y si alguno quitare de las palabras del libro de esta profecía, Dios quitará su parte del libro de la vida, y de la santa ciudad y de las cosas que están escritas en este libro.

Deuteronomio 4:2, 12:32

20El que da testimonio de estas cosas dice: Ciertamente vengo en breve. Amén; sí, ven, Señor Jesús.

21La gracia de nuestro Señor Jesucristo sea con todos vosotros. Amén.

Las profecías de Mateo 24 y las 70 semanas de Daniel han determinado, paso por paso, lo que nos depara el futuro. Al compararlo con las profecías del Apocalipsis nos damos cuenta de que el futuro es indiscutiblemente muy preciso, la Biblia no se equivoca en más de 3000 años de profecía (y a decir verdad son más de 7000 años), mucho menos en las profecías que nos detallan el fin de los tiempos. Un punto de partida es la construcción del Tercer templo y el cronómetro es el continuo sacrificio, de tal modo que confirmaremos una y otra vez que las profecías bíblicas se siguen cumpliendo; la última que se cumplió en el mundo moderno fue cuando Israel se nombró en un día como una nación libre e independiente en el año de 1948, comprobando lo que dicen las profecías de Isaías 66:6-9, después de ver los hechos tan claros si el lector no puede creer en Dios, las profecías ya pronto se cumplirán, el pueblo de Israel desde hace unos años está preparando todos los utensilios del templo para construirlo y esperemos que tengan todos la oportunidad de aceptar a Cristo y a Dios en sus vidas.

www.ingramcontent.com/pod-product-compliance
Lightning Source LLC
Chambersburg PA
CBHW071511150726

48000CB00002B/538

* 9 7 9 8 6 3 1 4 5 4 2 5 5 *